O VERDADEIRO VALOR DE TI

O VERDADEIRO VALOR DE TI

Como Transformar TI de um Centro de Custos em um Centro de Valor e Competitividade

RICHARD HUNTER

GEORGE WESTERMAN

M.BOOKS

M.Books do Brasil Editora Ltda.

Rua Jorge Americano, 61 - Alto da Lapa
05083-130 - São Paulo - SP - Telefones: (11) 3645-0409/(11) 3645-0410
Fax: (11) 3832-0335 - e-mail: vendas@mbooks.com.br
www.mbooks.com.br

Dados de Catalogação na Publicação

Hunter, Richard
O Verdadeiro Valor de TI. Como Transformar TI de um Centro de Custos em um Centro de Valor e Competitividade/ Richard Hunter e George Westerman.

2011 – São Paulo – M.Books do Brasil Editora Ltda.

1. Administração 2. Tecnologia da Informação 3. Negócios

ISBN: 978-85-7680-104-7

Do origial: The Real Business of IT.
How CIOs Create anf Communicate Value.

Publicado originalmente pela Harvard Business Press.
ISBN original: 978-1-4221-4761-0

Editor
Milton Mira de Assumpção Filho

Tradução
R. Brian Taylor

Produção editorial
Lucimara Leal

Coordenação gráfica
Silas Camargo

Editoração e capa
Crontec

2011
M.Books do Brasil Editora Ltda.

Este livro é dedicado aos meus irmãos Mark Hunter e Jeffrey Sagalyn, ambos são valorizados de maneira real; porém, imensurável.

Richard

Este livro é dedicado a Clare e Henry Westerman, os quais estão apenas começando sua jornada no Verdadeiro Negócio da Vida. Que eles possam comunicar e criar imenso valor em tudo que fizerem.

George

SUMÁRIO

CAPÍTULO 3

CAPÍTULO 4

CAPÍTULO 5

CAPÍTULO 6

AGRADECIMENTOS

Qualquer pessoa que já tenha escrito um livro de negócios sabe que é um trabalho em equipe. A equipe que contribuiu para este livro inclui muitas pessoas, e somos gratos a todas elas.

Temos uma dívida enorme com os executivos que contribuíram com parte de seu tempo e *insights* para este livro, incluindo (sem uma ordem específica) Randy Spratt, John Hammergren, Gonpo Tsering, Dieter Schlosser, Ken Venner, Guido Sacchi, Sam Coursen, Doug Busch, Joe Antonellis, Kevin Vasconi, Rebecca Rhoads, KarlsWachs, Kumud Kalia, Marv Adams, Al-Noor Ramji, Larry Bonfante, Kamal Bherwani, Emily Ashworth, Jim Barrington, Larry Loh, Butch Leonardson, Trey Lewis, John Petrey e Cara Schnaper. Sem essas contribuições, não teríamos nada para escrever. Somos especialmente gratos pelo espírito de generosidade que motivou a participação deles nessas discussões – a percepção explícita entre eles de que aprenderam muito com outras pessoas e desejam devolver com generosidade o que receberam. Nossas conversas com esses executivos foram pessoal e profissionalmente inspiradoras.

Os colegas de Richard na Gartner nos proporcionaram muitas informações e encorajamento para este projeto, começando com sua gênese, em um relatório de Programas para Executivos da Gartner em 2006, escrito por Richard com a coautoria de Tina Nunno e Robert Akerley. Richard é especialmente grato a Mark McDonald, de quem ouviu pela primeira vez as palavras "armadilhas do valor"; Dave Aron, cujo trabalho em medir o valor retornado de iniciativas é bastante referenciado neste livro; e Michael Smith, cujo trabalho na Estrutura de Valor Comercial da Gartner influenciou profundamente o pensamento de Richard sobre onde o valor aparece e como ele é medido. Richard também gostaria de agradecer a Louis Boyle, o criador do modelo administrar/fazer crescer/transformar valor na Meta Group, e Audrey Apfel, Cássio Dreyfuss, Robert Handler, Bill Maurer e Ken McGee, que significantemente contribuíram para o desenvolvimento do modelo. Os antigos e atuais colegas de Richard na pesquisa de programas de executivos, incluindo Barbara McNurlin, Andrew Rowsell-Jones, Mary Mesaglio, Heather Colella, Chuck Tucker, Patrick Meehan, Diane Berry e Lily Mok, ofereceram críticas construtivas e inestimáveis, *insights* e suporte para grande parte da pesquisa inclusa neste livro. O trabalho com esta equipe tem sido uma extensão da vida profissional de Richard. Ele também está em dívida com seu colega Jim Hocker, a quem Richard expressou verbalmente a frase, "Posso resumir tudo isso em seis palavras: 'tem tudo a ver com eles'", durante uma discussão entre as apresentações na conferência do Simpósio/TI Xpo na Gartner em outubro de 2006. Em Nashville, nos disseram que, quando há duas pessoas na sala enquanto uma música é escrita, elas são consideradas coautoras. Seguindo esse princípio, Jim merece metade do crédito (embora não uma quantidade similar de royalties) por descobrir a quem isso diz respeito.

Similarmente, os colegas de George no Sloan Center for Information Systems Research (CISR) do MIT proporcionaram muitos conselhos e atenção, especialmente no início da pesquisa. Peter Weill foi um colaborador nos estágios iniciais da pesquisa, com executivos de TI assim como os de outras áreas. Através de inúmeras discussões e sessões de análise, Peter e George trabalharam juntos para desenvolver o conceito do ciclo virtuoso do valor de TI, assim como se aprofundar mais na importância e significado do panorama comercial eficaz de TI. Chuck Gibson leu um rascunho inicial deste livro e fez comentários valiosos. Jeanne Ross, Stephanie Woerner, Jack Rockart, Nils Fonstad e Anne Quaasgras nos proporcionaram conselhos úteis sobre a pesquisa, e Chris Foglia, Tea Huot e Erika Larson estiveram prontos para ajudar sempre que necessário. Um agradecimento especial a Mark McDonald da Gartner, que colaborou com a pesquisa de estudo de executivos relacionada a capacidades e liderança em TI, e foi um conselheiro constante para que obtivéssemos as mensagens corretas. Nossos agradecimentos também a Bud Mathaisel, Martin Curley, Malvina Nisman e todos nossos entrevistados, por compartilharem suas ideias e *insights* sobre a criação e comunicação do valor de TI, assim como aos muitos líderes comerciais de TI que, por vontade própria, compartilharam ideias e exemplos durante nossas apresentações desses conceitos. Por último, George se sente grato à Cynthia Beath da Universidade do Texas, por oferecer um *insight* especial no momento certo. Em 2004, quando George mencionou para ela que queria estudar a eficácia dos executivos, ela sugeriu que ele começasse com os executivos de outras áreas que ele conhecia através da escola. A perspectiva desses executivos tem sido fundamental àquilo que temos aprendido desde então, nos ajudando a entender que os executivos eficazes fazem mais do que administrar bem suas unidades; eles ajudam o restante da empresa a ter seu papel na produção e supervisão da geração de valor.

Somos especialmente gratos pela contribuição valiosa, encorajamento e habilidades administrativas dos editores Heather Levy da Gartner, Brian Surette e Jacqueline Murphy da Harvard Business Press, assim como os conselhos do autor da série de livros de negócios, Kent Lineback.

INTRODUÇÃO

Os autores deste livro passaram grande parte da última década estudando e aconselhando executivos e outros líderes a como melhorar a administração e o valor comercial de TI. Naquela época, uma questão dominava todas as outras para a maioria desses executivos: como o executivo consegue mostrar que o retorno sobre o investimento em TI ultrapassa o valor investido.

Alguns leitores ficarão surpresos em saber que o valor de algo que tem, por muitos anos, consumido aproximadamente metade de todo o gasto das empresas no mundo todo foi posto em dúvida. De fato, se os gastos de TI forem um indicativo, os líderes empresariais devem saber que ela tem valor. O problema é que eles muitas vezes não sabem onde encontrar o valor ou como medi-lo – e em muitos casos, seus executivos não conseguem expressar o valor em termos que façam sentido para todos, com exceção de outros profissionais de TI.

Muitos dos executivos com os quais trabalhamos estão frustrados com sua inabilidade em comunicar que eles e suas equipes são os principais contribuintes do desempenho dos negócios, como eles acreditam ser. Eles se sentem permanentemente emperrados, fora do círculo interno habitado pelos outros membros da equipe executiva. O mais frustrante de tudo é a convicção desses executivos de que eles poderiam melhorar substancialmente o desempenho dos negócios – se eles tivessem uma chance.

Pelo fato de essa persistente questão ser de grande importância – aumentando cada vez mais – vários anos atrás decidimos focar nossa atenção em executivos específicos: aqueles que são reconhecidos por seus colegas e companheiros como executivos que criam e comunicam o verdadeiro valor para as empresas nas quais eles trabalham. Inicialmente, supúnhamos que esses executivos existiam e que suas abordagens para criar e comunicar valor seriam potencialmente úteis para os outros. Na realidade, estávamos convencidos de que tais executivos eram uma minoria substancial e que seu número está crescendo, tal como as práticas e princípios pelos quais eles vivem – os quais descrevemos neste livro – são cada vez mais amplamente adotados em empresas no mundo todo, em todos os setores.

Mais notáveis e inspiradoras foram as fortes similaridades que encontramos nos conceitos e práticas que fizeram com que esses executivos fossem bem-sucedidos. Para eles, o caminho do sucesso não está apenas claro, mas é também surpreendentemente simples – não no sentido de ordinário, mas no sentido de que é compartilhado. Por esse motivo específico, achamos ser imperativo compartilhar este caminho mais amplamente, e foi por isso que escrevemos este livro.

A pesquisa por trás deste livro é extensa e inclui materiais desenvolvidos independentemente e em conjunto pelos Programas Executivos do Gartner, Pesquisa Gartner e Colégio de Administração Sloan Center for Information Systems Research (CISR) do MIT, incluindo os seguintes:

- Estudos e entrevistas com executivos conduzidas pelo CISR do MIT, os quais muito contribuíram para a pesquisa publicada por George Westerman e Peter Weill em 2005 e 2006 sobre a importância da supervisão eficaz de negócios de TI e o conceito do ciclo virtuoso do valor de TI, o qual descrevemos no capítulo 4 deste livro.
- Os estudos sobre a "Agenda do executivo", conduzidos anualmente desde 2001 pelos Programas Executivos do Gartner, mais recentemente sob a liderança de Mark McDonald. Esses estudos com executivos são os maiores do mundo neste tipo (com uma amostra de mais de 1.500 profissionais em 2009) e oferecem uma riqueza de informações sobre as prioridades, orçamentos, capacidades, experiências e aspirações dos executivos. A análise dos resultados do estudo pelo Gartner e o MIT CISR muito contribuiu para nosso entendimento de que governança eficaz, entrega do projeto e relacionamentos são fundamentais para uma fundação eficaz de TI e que o potencial

dos negócios relacionados a esses fatores estão associadas com resultados diferentes em nível de empresa.

- Entrevistas detalhadas, iniciadas em 2005, com executivos altamente eficazes de empresas como McKesson, Freescale Semiconductor, CompuCredit, Broadcom, Gartner Inc., Boeing Employees Credit Union, R.L. Polk & Co., Sharp Healthcare, TIAA-CREF, DKSH, Intel, Analog Devices, Celanese, State Street Corporation, TRW, Solectron, BT, Novartis, JM Family e outras. Muitas dessas entrevistas foram suplementadas por entrevistas com outros membros da equipe executiva, como o COO e CEO, e por entrevistas de acompanhamento em 2008 com o objetivo de descobrir aonde as práticas e princípios seguidos por esses executivos os haviam levado, e suas empresas, desde nossas conversas iniciais.
- Outros estudos de caso da CISR e do Gartner que nós e nossos colegas desenvolvemos para pesquisa sobre tópicos relacionados. Os pesquisadores dos programas executivos do Gartner conduzem aproximadamente 150 entrevistas detalhadas para projetos de pesquisa todos os anos; os pesquisadores da CISR são igualmente produtivos. Favorecemo-nos de muitos destes como participantes diretos no processo de entrevistas, revisão de materiais ou como beneficiários do trabalho de nossos colegas.
- Nossa experiência ensinando esses conceitos a centenas de executivos de TI e de outras áreas por todos os eventos do MIT, CISR e da Academia de executivos do Gartner, assim como discussões particulares com centenas de outros executivos.

Repetimos que esta pesquisa nos levou à forte convicção de que há um caminho comprovado para a geração de valor dos executivos para suas empresas. Em uma palavra, esta descoberta é emocionante. É um sinal claro de que a disciplina de gestão de TI, que tinha menos de 50 anos de idade quando este livro foi escrito, está amadurecendo da maneira que mais importa – como um contribuinte comprovado no desempenho dos negócios. Dizer que estamos no começo de uma nova era para TI e para os profissionais que trabalham com esta disciplina é apenas começar a "dar uma espiada" em sua importância. Porque TI no início do século 21 é fundamental para o sucesso de quase todas as empresas em todos os setores, públicos ou privados, em todos os lugares no mundo, os efeitos irão essencialmente enriquecer cada funcionário e cliente – ou seja, todos nós.

É com enorme prazer que compartilhamos essas boas notícias com nossos leitores, e esperamos, no futuro, ouvir mais histórias de executivos que seguiram este caminho para aumentar o sucesso de suas empresas, suas organizações de TI e eles mesmos.

[1]

Pegar a Estrada para o Valor de TI

No Dia da Mentira, o jornal interno da Intel costumava reportar uma história falsa cuja brincadeira era o fato desta ser obviamente impossível. No dia 01 de abril de 1998, a manchete era "TI da Intel Ganha o Prêmio de Realização da Intel". Todos na empresa riram – menos, é claro, os funcionários de TI.[1]

A maioria das organizações de TI nunca passará por este tipo de constrangimento público. Mas antes que você se sinta aliviado pela brincadeira não ter sido com a sua equipe de TI, pergunte a si mesmo, algum de seus colegas que não são de TI lhe disseram algo como o seguinte ultimamente?

- "Por que TI custa tanto?"
- "Muitas empresas têm sucesso sem gastar muito em TI."
- "Obtemos resultados muito mais rapidamente em meu departamento quando fazemos toda TI nós mesmos."
- "Meu filho instalou a rede sem fio em minha casa em menos de 15 minutos. Por que seu pessoal leva tanto tempo?"
- "Poderíamos economizar muito dinheiro se terceirizássemos todo nosso TI, e também teríamos um serviço melhor."

Se você é um executivo de TI – o tipo de executivo para quem escrevemos este livro – e geralmente ouve comentários como esses, então provavelmente você tem o mesmo tipo de problema que a equipe de TI da Intel tinha em 1998. Podemos estruturar a situação da seguinte maneira: os gerentes por toda a empresa querem valor de TI, e eles estão bastante convictos de que você não está produzindo.

E, no que diz respeito a você e outros líderes da empresa, este é o fim da discussão sobre o potencial de valor possibilitado por TI. Talvez você prefira pensar que TI poderia ser uma arma estratégica importante para a empresa, e talvez queira envolver a equipe executiva em conversas voltadas para a descoberta de pontos estratégicos de alavancagem para TI – mas vai ficar querendo. Qualquer tentativa de começar uma discussão sobre o potencial de TI para transformar a empresa encontra uma parede de silêncio.

Se esta é a sua situação, você não está sozinho. Os executivos em muitas empresas sentem-se frustrados pela inabilidade de levar as conversas sobre TI para um nível mais alto. Por sua vez, os líderes executivos em muitas empresas acham que suas equipes de TI não estão proporcionando valor suficiente. Como mostra a Tabela 1.1, esses executivos estão confusos, sentem-se frustrados e até mesmo irritados com suas organizações.

TABELA 1.1

Questões comuns aos participantes do curso de educação para executivos do Colégio de Administração Sloan do MIT, "TI para o Executivo Não-TI"

- Estamos gastando muito com TI.
- TI é um buraco negro.
- Os projetos não são cumpridos.
- TI não foca no cliente.
- Precisamos gastar mais sabiamente.
- Deveríamos terceirizar?
- Existem riscos enormes e desconhecidos que envolvem TI.
- Falta de confiança entre TI e a empresa.
- Nosso executivo fala uma língua estrangeira.

Não dá para ler esta lista e não perceber que alguma coisa sobre TI tem dado errado em muitas empresas, seja no valor que TI proporciona, seja no modo como este valor é comunicado. Certamente, qualquer executivo que concorda com qualquer um dos itens desta lista suspeita do potencial de TI em melhorar o desempenho dos negócios em sua organização. Esses executivos acreditam que TI é um mal necessário, um custo que precisa ser diligentemente monitorado e controlado, isso porque as pessoas encarregadas da função administram um buraco negro que engole qualquer recurso que se aproxime, não devolvendo nada em troca.

O departamento de TI não é o único que sofre quando o valor de TI é questionado. Pelo fato de um TI hábil ser fundamental para o sucesso da empresa no século 21, tanto quanto as vendas e o marketing, toda a empresa sofre quando a equipe executiva não vê o valor de TI. Na realidade, a empresa abre mão de uma das mais importantes fontes potenciais de alavancagem que ela possui.

As boas e as más notícias

A má notícia é que isso é um problema dos executivos de TI – ou seja, seu. Não importa quanto um executivo acredite que é responsabilidade da equipe executiva aprender a apreciar o valor de TI, o fato é que é responsabilidade de TI produzir e comunicar este valor. Ponto final. Além disso, nossa pesquisa nos diz que mostrar valor é a chave para realizar mais valor – mais especificamente, o envolvimento efetivo da empresa em TI depende, em grande parte, da comunicação bem sucedida sobre o valor que isso produz.

A boa notícia é que, por ser problema seu, *você consegue resolvê-lo.* Sabemos que você consegue, pois já vimos acontecer centenas de vezes em empresas grandes e pequenas, em todos os setores.

Nossa pesquisa sobre esse assunto inclui estudos e discussões com executivos de TI e não-TI, e também entrevistas profundas com dezenas de executivos, muitos dos quais retratados neste livro, e com vários outros executivos do nível C, a quem esses executivos se reportam. Esforçamo-nos para basear nossa pesquisa nas práticas de executivos bem-sucedidos, executivos como Guido Sacchi da CompuCred e Moneta

Corporation, Ken Venner da Broadcom, Sam Coursen da Freescale Semiconductor, Doug Busch da Intel, Joe Antonellis da State Street Corporation, Marv Adams da Fidelity Investments, Rebecca Rhoads da Raytheon, Karl Wachs da Celanese, Al-Noor Ramji da BT, Kumud Kalia da DirectEnergy, Larry Bonfante da U.S.Tennis Association, Jim Barrington da Novartis e Randy Spratt da McKesson. Indiscutivelmente, esses executivos produzem um valor visível para suas empresas, e algumas vezes foram promovidos para cargos em que pudessem produzir valor mais amplamente.

Nosso objetivo é ajudá-lo a alcançar o que esses executivos altamente bem-sucedidos alcançaram: o reconhecimento, dentro e fora de suas empresas, de que suas organizações de TI produzem valor real – que eles proporcionam serviços bem administrados e essenciais não apenas para a melhor operação da empresa, mas também para dar suporte ao seu sucesso contínuo e crescente.

Talvez nesse exato momento você não consiga fazer o que esses executivos fazem. Mas a nossa meta de agora em diante é mostrar como fazê-lo. Isso é feito, na realidade, de maneira específica em uma ordem específica, a qual descreveremos nos capítulos que seguem.

Nem tudo o que vale realmente a pena é fácil. O caminho para o valor descrito neste livro precisa de trabalho por parte de todos – sua, de sua equipe e de seus colegas no trabalho. O trabalho é recompensador. Ele produz sucesso para você, sua equipe e sua empresa – mais valor para TI, mais reconhecimento para o valor que TI produz e mais respeito para você e sua equipe de TI como contribuintes para melhores resultados para a empresa.

Comece a pensar diferentemente

A fuga do dilema do valor de TI começa com algo tão simples e profundo quanto uma mudança de paradigma na organização de TI. Podemos resumir esta mudança de paradigma como a regra número 1: *não é sobre TI*. É sobre os resultados da empresa e o desempenho dos negócios, se você está ou não comunicando a performance interna de TI ou o impacto de TI nas operações comerciais e financeiras.

Se você mantiver esta regra em mente – e agir de acordo com ela – produzirá mudanças profundas na maneira como o restante da empresa pensa sobre o valor de TI. Nenhuma empresa demonstra este ponto mais claramente do que a Intel. Depois da piada constrangedora de 01 de abril de 1998, os líderes de TI da Intel perceberam que eles precisavam mudar. A história de sua recuperação é inspiradora. O executivo Louis Burns, que precedeu Doug Busch na função, promoveu uma transformação fundamental da função de TI. A visão era que TI seria reconhecida como um contribuinte chave para o sucesso da Intel, dentro e fora da empresa. Os dois executivos embarcaram em uma série de iniciativas que incluíam a consolidação da infraestrutura, melhoria na medição, criação de mecanismos transparentes de governança e foco contínuo na melhoria do processo.

Cada ação focava na produção de um melhor retorno para o dinheiro investido – oferecendo os serviços certos, com a qualidade certa ao preço certo, e fazê-lo de modo que fosse fácil para o pessoal de TI trabalhar. Durante a transformação, os executivos fizeram questão de comunicar, dentro e fora de TI, exatamente como o desempenho de TI estava mudando em qualidade e custo.

Suas iniciativas mudaram completamente a entrega dos serviços de TI, juntamente com o restante da percepção da empresa sobre o desempenho de TI e seu pessoal. O custo total de manutenção dos PCs foi reduzido em mais de 50%. Os custos por unidade de infraestrutura e a qualidade do serviço melhoraram significantemente em comparação ao *benchmark* externo. Por volta de 2003, a satisfação com o desempenho de TI havia melhorado de modo significante, sendo que mais de 80% dos funcionários da Intel entrevistados classificaram a função de TI como uma parceria comercial estratégica (em oposição a um especialista, provedor ou fornecedor de tecnologia). Essas melhorias foram alcançadas enquanto o orçamento de TI era reduzido, tanto em termos absolutos quanto na porcentagem da receita.[2]

A Intel se beneficiou muito ao melhorar o nível de serviço de TI, assim como a equipe de TI da Intel. O executivo Doug Busch continuou a estabelecer o departamento de tecnologia em uma das novas unidades de negócios da Intel. Outra equipe de TI ganhou proeminência tanto na Intel quanto na indústria em geral. E foi pedido que a unidade de TI assumisse o desafio de liderar programas transformacionais para toda a empresa – um desafio que literalmente teria sido motivo de risadas cinco anos atrás.[3]

Os líderes de TI bem-sucedidos comunicam valor de uma maneira específica e em uma ordem específica

A coisa mais interessante que descobrimos em nossa pesquisa é que os executivos bem-sucedidos, como um grupo, fazem coisas notáveis para alcançar e comunicar o valor de TI. Essa é a verdade, independente do setor, tamanho da empresa ou proporção da receita que é representada pelo seu orçamento em TI. Essa é a verdade para empresas dos setores públicos e privados. Essa é a verdade em tempos bons e ruins. É simplesmente como a criação e comunicação do valor de TI é feita.

Sabemos que essa é uma declaração ousada. Muitas organizações de TI, como as empresas a quem elas servem, acreditam que suas circunstâncias são singulares. Segundo eles, o que funciona para os outros está longe de funcionar para eles. Mas nós acreditamos muito no poder da abordagem que descrevemos neste livro. Não é uma mágica garantida para convencer até mesmo o executivo ludista mais insensível, nem reverter imediatamente uma longa história de desconfiança e suspeita entre os líderes de TI e os outros membros da equipe executiva. É a abordagem provada para a criação e comunicação do valor de TI, caso após caso e empresa após empresa. Ela se encaixa com o modo como as empresas constroem sua capacidade de administrar TI e o modo que os indivíduos constroem credibilidade como líderes.

É como uma redenção para TI, e todas as redenções – sejam elas via um programa de 12 passos, uma conversão religiosa ou qualquer outro meio – seguem um processo comum. Ela começa pelo reconhecimento de que você alcançou o fundo do poço e que este fundo não é um lugar para se ficar. Você começa o processo de mudança ao entender como seus pensamentos e hábitos o levaram ao problema e promete mudar. Você reconhece onde você se prejudicou e prejudicou aos outros. Aí você começa – primeiramente dando passos pequenos e depois dando saltos – para aprender a ser a pessoa que você quer ser e para colher as recompensas de ser esta pessoa.

Nossa pesquisa e experiência mostram que as organizações de TI passam por um processo bastante parecido. Podemos expressar os esboços amplos dessa abordagem – uma abordagem que se aplica a você como um líder em TI e a toda equipe de TI – em algumas linhas. (Veja a figura 1.1.)

- *1º Passo: Mudar seu pensamento para evitar as armadilhas do valor.* A estrada para o inferno (de TI) está pavimentada de boas intenções. Evite as *armadilhas do valor* – práticas que parecem boas, mas que na realidade evitam que TI produza e comunique o valor.
- *2º Passo: Mostre que TI proporciona valor pelo dinheiro.* Como o "diretor de informática de baixo custo", você e sua equipe demonstram que a organização de TI está proporcionando os serviços certos, no nível certo de qualidade, a um preço competitivo.
- *3º Passo: Mostre como TI melhora o desempenho comercial.* Como o "diretor de melhorias", você e sua equipe ajudam a todos a fazer a conexão entre investimentos em TI e o melhor desempenho dos negócios.
- *4º Passo: Mostre que o seu valor vai além de TI.* Como o "Executivo-plus", você opera como "colega" da equipe executiva, proporcionando valor além de TI em si.

FIGURA 1.1

O caminho para o valor de TI

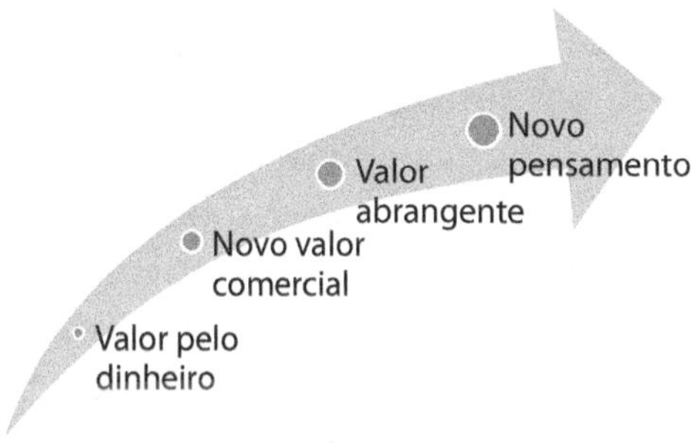

Os executivos bem-sucedidos não pulam as etapas, e também não mudam a sequência. Eles não tentam demonstrar seu poder potencial de TI como uma arma estratégica até terem mostrado que TI está começando a realizar um bom valor pelo dinheiro. Eles evitam as armadilhas do valor, e gradualmente aumentam a percepção e envolvimento da equipe executiva sobre o valor produzido por TI.

Nos próximos capítulos, examinaremos esses passos mais detalhadamente. Neste capítulo, iremos introduzi-los brevemente, começando com as armadilhas do valor.

Evitar as armadilhas do valor

As armadilhas do valor são práticas e comportamentos de executivos que na ocasião parecem corretos, mas na realidade causam problemas. Elas impedem que TI produza valor, e impedem que o restante da empresa veja o valor produzido. As armadilhas do valor não são sobre os fracassos óbvios, tal como a entrega de um serviço pouco confiável ou a dificuldade em negociar. As armadilhas do valor são mais traiçoeiras. Por exemplo, dizer que "a empresa são os clientes de TI, e os clientes estão sempre certos" parece ser uma boa ideia quando há uma profunda insatisfação com TI, a qual teve origem há muito tempo com uma longa história de serviço pouco confiável. Mas no longo prazo, esta armadilha do valor prepara a unidade de TI para o fracasso, isso porque os clientes estão geralmente errados (especialmente sobre assuntos que eles não conhecem), e chamar os colegas de "clientes" espalha discórdia entre TI e o restante da empresa.

A organização de TI que é pega na armadilha do valor está voltada para si mesma. Isso é um erro porque, na realidade, tem tudo a ver com o desempenho dos negócios, e nunca apenas com TI. A superação da armadilha do valor requer que a organização de TI reconheça que eles estão em um ambiente em mudança, um ambiente que exige novos pensamentos, comportamentos e competências, começando com os termos e conceitos usados pela equipe de TI para conceber e comunicar valor. Discutiremos as armadilhas do valor mais detalhadamente no capítulo 2.

Mostrar que TI proporciona valor pelo dinheiro

O reconhecimento do valor dos negócios de TI é mais do que uma mudança de ponto de vista. Em muitas empresas, os executivos precisam superar o longo histórico de desapontamento se quiserem apreciar o valor gerado por TI. Mesmo quando os executivos explicitamente entendem que TI cria valor, é preciso mostrar a eles que *suas* organizações de TI estão criando um valor *específico* para a empresa onde este valor mais importa. (Na realidade, muitos dos executivos que entrevistamos para este livro eram executivos de mudança, que foram trazidos para substituir um executivo que não conseguia – ou, em casos mais flagrantes, obstinadamente não conseguiam – proporcionar o desempenho específico que os líderes executivos consideravam fundamental para o sucesso. Geralmente é mais fácil para o novo executivo mudar as percepções do que para o antigo, que é visto como aquele que arruinou a empresa.)

Os executivos bem-sucedidos começam a demonstrar e a aprimorar o valor de TI ao mostrar *valor pelo dinheiro*. Eles deixam claro – em palavras e ações – que a equipe de TI merece seu papel como o provedor preferido da empresa, todos os dias. Eles reportam sobre o desempenho operacional de TI em termos de serviços essenciais e resultados visíveis para o resto da empresa. Conectam o custo das operações de TI à qualidade e volume de serviço, e usam o custo por unidade e medidas padrão de desempenho para comparar seus serviços com o de outras unidades ou empresas similares.

Muitas organizações de TI fornecem aos seus clientes internos declarações gerais sobre custos ou cobranças retroativas – em alguns casos, um único número que representa a agregação de milhares de itens da linha. Nesses casos, os clientes desconhecem os fatores que afetam seus custos de TI, não entendem como afetam os totais e não têm como descobrir se o preço é razoável.

Por contraste, os executivos bem-sucedidos fazem com que os custos e o desempenho sejam transparentes e comparáveis. Eles proporcionam dados suficientes para mostrar onde os custos são gerados e, mais especificamente, onde as mudanças no consumo de serviços de TI podem causar um impacto nos gastos em geral. Eles mostram quanto volume está sendo usado, onde as organizações podem economizar e onde níveis menores de serviço poderão proporcionar serviços suficientemente bons a um custo reduzido. Em outras palavras, eles dão a seus clientes informações que estes podem usar para controlar seus próprios custos. E eles sempre enfatizam que TI nunca é simplesmente um custo, mesmo que haja custo em usá-la.

O executivo mais bem-sucedido faz um *benchmark* dos custos e desempenho e, consequentemente, faz comparações entre organizações do grupo. Pode haver uma razão para que o *benchmark* externo não faça sentido para uma organização específica de TI, mas a maioria das equipes de TI se beneficiam com esse exercício. Em muitos casos, o *benchmark* mostra que o desempenho da organização de TI é competitivo em relação ao que se encontra disponível por um preço similar em um mercado aberto. Onde o mercado não é aberto, o executivo poderá alegar que as lacunas no desempenho agora estão visíveis, e a equipe de liderança de TI irá endereçá-las imediatamente. De qualquer modo, o executivo tem uma boa história para contar, e a credibilidade da equipe de TI aumenta.

"Quando você tem falhas operacionais, não é que as pessoas queiram cometer erros. Você precisa investigar o processo. A análise da causa-raiz lhe dirá por que os erros ocorrem. As métricas lhe dirão se você melhorou."[4]

— Cara Schnaper, EVP, Technology & Operations, TIAA-CREF

Neste nível, o "diretor de informação" poderá ser chamado de "diretor de informação barata". Os serviços podem não ser exatamente baratos; afinal de contas, qualquer serviço custa alguma coisa, e alguns custam mais do que outros. O desempenho mais alto sempre custa mais, não importa quem ou o que o proporcione.[5] Quando o executivo comunica, com sucesso, o valor pelo dinheiro, a empresa sabe que ela está obtendo um preço competitivo pelo equilíbrio certo entre qualidade (incluindo, caso seja relevante, a satisfação dos usuários internos e de clientes externos) e desempenho. É também sabido que o caminho para reduzir os custos de TI não é simplesmente cortar o orçamento de TI, mas ajustar a qualidade ou o consumo dos serviços onde o excesso de qualidade ou consumo não melhora o desempenho dos negócios.

A comunicação do valor pelo dinheiro é um ponto de partida essencial. Até que o valor pelo dinheiro seja confirmado, outras discussões sobre valor não são possíveis. O valor pelo dinheiro não pode nunca ser subestimado; ele deve ser confirmado todos os meses ou trimestres, para sempre. Mas no que diz respeito ao valor de TI, o jogo está longe de acabar, e os executivos precisam estar preparados para dar o próximo passo. Se TI permanecer como uma proposta de valor pelo dinheiro para sempre, ela será vista apenas como um custo, embora um custo bem administrado. A inabilidade em perceber o valor de TI em termos além do valor pelo dinheiro poderá resultar em oportunidades perdidas para alavancar os investimentos em TI para o crescimento. Portanto, após mostrarem valor pelo dinheiro, os executivos podem e devem dar o próximo passo.

Discutiremos as maneiras dos executivos comunicarem valor pelo dinheiro no capítulo 3.

"A confiabilidade te libera para falar sobre negócios. Não é o fim do jogo."[6]

— Butch Leonardson, executivo, Boeing Employees Credit Union

Mostrar como TI melhora o desempenho comercial

Os líderes eficazes de TI não apenas administram bem, mas também ajudam seus colegas de negócios a assumirem seus papéis e tomarem boas decisões sobre os investimentos em TI – decisões que produzam melhorias operacionais e financeiras no desempenho dos negócios.

Ao ajudarem os executivos a entender suas necessidades, decidir quais receberão investimentos, executar projetos e garantir que os benefícios serão realizados, as organizações de TI criam um *ciclo virtuoso* que visivelmente maximiza o valor dos investimentos em TI. O domínio das quatro tarefas principais do ciclo virtuoso melhora os resultados de cada iniciativa e gera benefícios que continuamente aumentam o aprendizado e o valor a cada novo projeto. O executivo aqui poderá ser chamado de "diretor de melhorias".

Nos capítulos 4 a 8, mostramos como os executivos e seus colegas executivos conseguem implementar os elementos do ciclo virtuoso. Os capítulos 4 e 5 discutem as técnicas que os executivos e seus colegas usam para identificar as oportunidades e aumentar o valor através do uso melhorado da informática e automação. Em seguida, mostramos as técnicas para priorizar essas oportunidades no capítulo 6, as ferramentas para aumentar o sucesso na execução no capítulo 7 e, no capítulo 8, veremos as maneiras simples e eficazes de medir o valor realizado – a colheita.

Mostrar como você tem valor além de TI

Quando os executivos focam no desempenho dos negócios e o realizam, mais cedo ou mais tarde eles são vistos não simplesmente como líderes de uma organização técnica, mas como executivos de negócios, capazes de contribuir além da especialidade imediata de suas organizações. A mudança normalmente é gradual, mas bastante significativa. O primeiro sinal desta mudança para muitos executivos é o convite para participar das reuniões de equipe do CEO. Esta confirmação evidente ocorre quando lhe pedem que administre iniciativas comerciais significativas fora do domínio de TI.

Os executivos ganham responsabilidades além de TI quando eles tratam todas as iniciativas como uma iniciativa de negócios, demonstram valor pelo dinheiro e medem as melhorias no desempenho dos negócios resultantes de todos os investimentos em TI. Responsabilidades expandidas demonstram que a empresa entende e aprecia o valor que TI produz – e que o executivo tornou-se um líder de negócios e não apenas um especialista em resolver problemas com a tecnologia. Esse reconhecimento poderá ir, e já foi, até a nomeação do executivo para uma posição de CEO, como no caso de Guido Sacchi, ex-executivo da CompuCred, cujo perfil será analisado mais adiante neste livro.

No capítulo 9, discutimos os valores pessoais do executivo e a expressão desse valor como membro da equipe executiva – o "Executivo-plus".

Desenvolver a percepção do valor de TI de baixo para cima

Ouvimos muitos executivos se lamentarem por nunca ter a chance de envolver a equipe executiva na discussão de TI como uma arma estratégica, ou, quando eles têm esta chance, ninguém escuta. Na maioria dos casos, esses executivos estão tentando pular algumas etapas do caminho. Normalmente, eles ainda não estabeleceram a credibilidade ao proporcionar valor pelo dinheiro e, portanto, não têm esperanças de mostrarem-se importantes para o valor estratégico. O sucesso resulta da construção da percepção de valor passo a passo, assentando cada camada da fundação antes de seguir adiante para a próxima.

Bud Mathaisel, um bem-sucedido executivo na Solectron, Ford e Disney, compara o caminho para o valor de TI ao bem conhecido modelo de hierarquia das necessidades de Abraham Maslow: "Quando refletia sobre a melhor maneira de abordar este tema, comecei a pensar mais e mais sobre a hierarquia de necessidades de Maslow. Ela começa com a competência em produzir serviços confiáveis, de modo econômico e de altíssima qualidade. É absolutamente essencial ser convidado para um diálogo significativo a respeito de como você consegue então desenvolver esta competência para fazer algo muito interessante com ela. Porque se você não conseguir produzir de maneira confiável e eficiente, sempre haverá restrições por parte do parceiro comercial, ou alguma suspeita e, consequentemente, eles não cairão nessa".[7]

No final, o executivo que segue este caminho para o valor torna-se um colega estratégico dos outros membros da equipe executiva. Esses executivos fazem muitas das mesmas coisas que outros executivos fazem, mas eles têm muito mais influência e impacto. Esta influência e impacto se estendem para toda a equipe de TI. Os gerentes de TI e a equipe, e as unidades que eles ocupam, ganham benefícios diretos por progredirem no caminho para o valor. Eles ajudam suas organizações a alcançarem mais valor de suas habilidades e disciplinas, seja por melhorar a eficiência, reestruturar os processos de negócios ou ajudar os líderes de negócios (e mesmo os clientes) a obterem mais de seus investimentos em tecnologia.

Não é por acidente que a maioria dos executivos que entrevistamos para este livro assumiram maiores responsabilidades dentro de suas empresas nos últimos anos. É o que acontece quando o executivo, assim como qualquer outro executivo, é visto como produtor de valor comercial; ele tem a oportunidade de produzir ainda mais. Os executivos que seguiram o caminho que esboçamos melhoraram significantemente o tom das discussões com os outros membros da equipe administrativa e prepararam o cenário para ganhos adicionais, geralmente em um ano ou dois.

Guido Sacchi seguiu o caminho desde o começo para a equipe de TI no provedor de serviços financeiros CompuCredit, onde ele começou como executivo no final de 2002. Como ele mesmo diz:

> Quando cheguei aqui, era uma situação de reviravolta para TI. O que existia não conseguia mais sustentar um novo período de crescimento na empresa. Eu fui trazido para estabilizar a situação e construir uma plataforma que nos permitiria crescer de maneira sustentável.
>
> Eu passava muito tempo envolvido com os negócios e tentava manter as discussões em termos das necessidades dos negócios. "Não se trata de construir infraestrutura", eu dizia a eles. "Trata-se de possibilitar o crescimento. Não é gastar dinheiro; é captar novos clientes."
>
> Quando cheguei aqui, não havia métricas. Para mim foi muito confuso – a administração era completamente voltada para dados e estávamos produzindo métricas para todos na empresa, menos para TI! Eu comecei a reportar algumas métricas dentro de aproximadamente seis meses. Tenho vergonha de olhar para trás e ver as imperfeições e a escassez de métricas, mas foi uma tentativa honesta de mostrar à equipe executiva que eu estava me esforçando muito para ser realista. Agora, em discussões sobre o orçamento, não há mais diferença entre eu e outro executivo.
>
> Desde o começo, tentei focar em termos comerciais: gastos com TI *versus* contas, despesas operacionais *versus* crescimento da receita, quanto gastamos para operar *versus* transformar o negócio. Apenas esta mudança no foco, e sua

comunicação à toda a equipe de TI – de que nosso trabalho é fazer com que o agente seja produtivo, não apenas manter a rede – fez uma diferença incrível em alguns meses em termos de desempenho.[8]

Depois de alguns anos na CompuCredit, Sacchi assumiu o papel de vice-presidente sênior de estratégia corporativa. Quando este livro estava sendo escrito, ele era o CEO da Moneta Corporation, a qual oferece aos consumidores e parceiros escolhas alternativas para o pagamento de transações online. As lições que ele aprendeu sobre o valor de TI na CompuCredit o colocaram, assim como seus ex-colegas e sua nova empresa, em uma posição muito boa.

Assim como Sacchi, os executivos bem-sucedidos seguem todo o caminho para mostrar o valor de TI, do começo ao fim. Eles se baseiam nos sucessos em todos os estágios para chegarem ao próximo. Os executivos que não fazem isso encontram problemas previsíveis:

- Quando TI causa prejuízo financeiro, a equipe executiva procura um executivo para uma mudança ou decide que TI nada mais é do que uma concessionária – um custo a ser reduzido para o nível mais baixo, necessário apenas para se manter em funcionamento, e mais nenhum centavo.
- Quando o executivo e sua equipe deixam de criar mecanismos transparentes para supervisão dos negócios, TI é considerada pelos outros membros da equipe executiva como suspeita, pois os membros da equipe não têm como saber se estão ou não pagando o preço correto pelo desempenho correto. Eles veem os problemas e dificuldades inevitáveis que todas as unidades de TI têm, mas não veem o valor tão claramente.
- Quando o executivo e sua equipe não conseguem discutir os negócios nos mesmos termos que os membros da equipe executiva, TI está fadada a ser uma estranha, aquela que recebe ordens – nunca um participante ativo na operação da empresa.
- Quando o executivo e sua equipe não conseguem conectar os investimentos em TI às melhorias específicas no desempenho

dos negócios, a equipe executiva procura a vantagem competitiva em outros lugares, ignorando as maneiras como TI pode ser aplicada para diferenciar o negócio.

Muitos executivos se reconhecerão, e suas empresas, em uma ou mais dessas descrições. Se esse é o seu caso, você não está sozinho. Mas temos certeza de que agora já deixamos bem claro que este não é um destino inevitável para o executivo responsável por TI.

O capítulo 2 descreve o ponto de partida da jornada para o valor de TI: a mudança no contexto e linguagem usados pelos membros da equipe de TI para conceber e descrever o valor que eles criam.

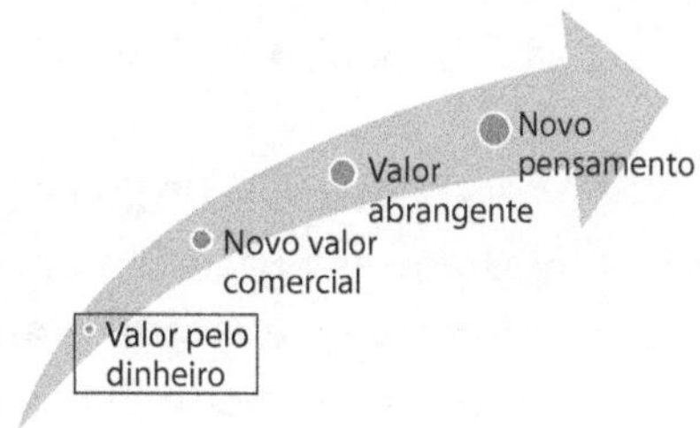

[2]

Evitar as Armadilhas do Valor

Quando não conseguimos mais mudar uma situação, somos desafiados a mudar a nós mesmo.
– Victor Frankl

As armadilhas de valor são crenças e hábitos que parecem bons (ou pelo menos não tão ruins), mas que, na realidade, causam problemas. A organização que se encontra presa em uma armadilha do valor é como um pateta tentando escapar de uma armadilha de areia no campo de golfe. Quanto mais ele bate na bola, mais ela afunda na areia. Algumas vezes, a única maneira de sair é pegar a bola e partir para um terreno melhor.

As armadilhas do valor criam barreiras entre TI e o restante da organização, forçando as conversas sobre TI por caminhos que inevitavelmente reduzem o seu valor ou colocam limites no quanto TI consegue melhorar o valor. As armadilhas do valor geralmente estão arraigadas nas cabeças dos líderes de TI, assim como nas cabeças dos executivos, como suposições básicas fundamentadas sobre o relacionamento entre TI e o restante da empresa.

Como dizia Albert Einstein, insanidade consiste em fazer as mesmas coisas repetidamente e esperar resultados diferentes. Os comportamentos que criam as armadilhas do valor faziam sentido em uma era diferente, quando havia expectativas diferentes para TI. Esses comportamentos não produzem mais resultados desejáveis; hoje eles são armadilhas, não guias para o sucesso. Para escapar das armadilhas do valor, é necessário quebrar hábitos antigos e desenvolver novos hábitos que produzam valor real e percebido. Em outras palavras, são necessários uma nova maneira de pensar e um novo conjunto de regras para a gestão de TI.

Neste capítulo, discutiremos as maneiras habituais de pensar que empurram a equipe de TI para as armadilhas do valor (como mostra a tabela 2-1). Descrevemos como esses hábitos destroem o valor percebido e limitam a habilidade da unidade de TI em aumentar seu valor real. E mostramos as mudanças que você deve fazer em cada um desses hábitos. Resumimos com uma discussão sobre como pensar diferentemente para poder criar e comunicar o valor de TI de modo visível.

TABELA 2-1

Armadilhas do Valor

As armadilhas da visibilidade

- Não deveríamos ter de falar sobre nosso desempenho; ele fala por si.
- É o custo em se fazer negócios.
- Os gerentes de TI produzem tecnologia de ponta para a empresa.

As armadilhas das desculpas

- Nada é perfeito (especialmente algo tão complexo quanto TI).
- Se você não seguir nossas regras, não podemos garantir que funcionará.

As armadilhas dos papéis

- Os negócios são os clientes de TI.
- O cliente está sempre certo.

As armadilhas da visibilidade

As *armadilhas da visibilidade* referem-se aos termos com os quais a equipe de TI concebe e comunica o valor que ela proporciona para o restante da organização. Já que toda comunicação começa com uma ideia, é apropriado começar nossa discussão com as armadilhas da visibilidade.

"Não deveríamos ter de falar sobre nosso desempenho; ele fala por si"

Em uma conversa recente, um executivo nos disse que ele não gosta de se vangloriar, e é por isso que ele não reporta sobre a qualidade comparativa e o custo dos serviços que ele proporciona, embora acredite que as métricas contam uma boa história. A modéstia é uma virtude clássica, é claro. Mas os sucessos passados e recentes de P. T. Barnum, Richard Branson e Donald Trump sugerem fortemente que a modéstia não é uma virtude útil nos negócios.

O chefe de vendas perderia a oportunidade de se vangloriar ao negligenciar a publicação de uma nova campanha de vendas para a empresa? Na mesma linha, o chefe de marketing deixaria de dizer aos clientes potenciais sobre como os produtos da empresa se sobressaem em relação à concorrência em termos de preço, dispositivos e desempenho? O chefe da manufatura deixaria de realçar as melhorias na qualidade dos bens manufaturados ou na redução dos custos por unidade?

Acreditamos que os executivos, assim como as outras pessoas, prestam atenção apenas àquilo que lhes é apresentado. Os custos associados com TI chamam sua atenção todas as vezes que eles veem um relatório de cobranças retroativas ou solicitam uma mudança em seus serviços. Os fracassos ocasionais também serão percebidos. Se TI não se esforçar para mostrar o valor a eles, provavelmente este não será visto nem reconhecido.

Os executivos não deveriam ter de se esforçar para ver o lado bom do desempenho de TI. Este deveria estar prontamente aparente, em uma linguagem que possa ser digerida rápida e facilmente. Todos os executivos bem-sucedidos que entrevistamos, sem exceção, reportam frequentemente, e regularmente, à equipe executiva sobre o valor produzido por TI. Os executivos que sabem que proporcionam um bom valor precisam deixar isso claro para todos. Os executivos que estão batalhando para realizar um valor melhor precisam deixar claro que eles sabem quais são os problemas e que estão fazendo de tudo para solucioná-los. De qualquer maneira, a melhor coisa a se fazer é espalhar a notícia, porque ela, no mínimo, envia uma mensagem importante sobre o valor para todos em TI, assim como para todos na empresa.

"Em primeiro lugar, eu empreguei pessoas realmente excelentes, realmente inteligentes. Eu foquei em habilitar o cliente (interno da Broadcom) a fazer o que ele queria fazer. Eu coloquei o pessoal de TI com seus clientes. Definimos os 80% de coisas rotineiras que o pessoal de TI faz como processos, para que pudéssemos minimizar tempo e esforço. Então divulgávamos tudo feito loucos, assim as pessoas sabiam o que estávamos fazendo e queriam nos engajar."[1]

- Ken Venner, executivo, Broadcom

A pesquisa do CISR (Center for Information Systems Research) no MIT com 153 executivos de outras áreas mostra que os executivos que são conhecidos como eficazes são menos eficazes se seus colegas de negócios não acharem que eles têm bons mecanismos de supervisão.[2] Se os executivos não ajudarem os executivos das outras áreas a entender o que está acontecendo em TI e como tomar decisões melhores sobre TI, esses executivos sempre se sentirão pelo menos um pouco ansiosos sobre o desempenho de TI. Se os executivos não se vangloriarem, os executivos focarão no que está mais aparente, e geralmente o que está mais aparente é o negativo. Do mesmo modo, os executivos de unidades de TI em dificuldades descobrem que eles conseguem melhorar o desempenho de suas unidades muito mais eficazmente se adotarem mecanismos sólidos de supervisão dos negócios. É difícil esconder as notícias ruins, mesmo que você não as deixe claras. Possibilitar uma supervisão clara ajudará todas as pessoas a focar em o que melhorar primeiro, e proporcionará maneiras fáceis de ver cada melhoria.

"TI é o custo em se fazer negócios"

Alguns anos atrás, um de nós liderou um *workshop* sobre estratégia para auxiliar a equipe de liderança de TI em uma empresa de serviços financeiros de médio porte. O *workshop* começou explorando como TI nessa empresa agregava valor. Após uma hora de discussões, os membros da equipe de liderança não conseguiam encontrar uma maneira de descrever suas adições de valor, exceto pelo fato de dirigirem a empresa de TI com o custo mais baixo possível. Eles acreditavam que faziam isso melhor do que a maioria, e ficaram surpresos ao perceber que os outros membros da equipe executiva não valorizavam muito as contribuições de TI. Mas não deveria ser nenhuma surpresa que uma equipe de TI, cujas contribuições estão posicionadas exclusivamente em termos de operações de custo baixo, seja vista como tendo muito pouco valor.

Não refutamos a ideia de que é importante administrar uma empresa com rédeas curtas, especialmente quando sabemos que mesmo um TI mais modesto para uma grande empresa não é barato. (Um grande fabricante poderá se orgulhar de um orçamento geral de TI que represente 1,5% das receitas, aproximadamente 25% menos do que a média para os fabricantes em geral.[3] Mas quando este livro estava sendo escrito, 1,5% das receitas da General Electric estava perto de $2,5 bilhões, e esta é uma quantia excepcional em termos gerais.) Em tempos bons e ruins, todas as empresa, por necessidade, fazem muitas coisas que são essenciais para mantê-las em operação, mas que não podem ser ligadas à receita, e essas coisas devem ser feitas mais eficazmente em termos de custo. Atividades de negócios, como auditorias, assim como muitos serviços de infraestrutura de TI (como o tom de discagem e a maioria da segurança de informações) se encaixam nessa categoria – o que muitos descrevem como atividades para *administrar o negócio* (ou "mantê-lo em funcionamento).[4] A medida do valor para essas atividades é o *preço pelo desempenho* – alcançar o nível certo de qualidade com o melhor preço possível.

De acordo com um estudo do CISR do MIT, realizado em 2007, as empresas privadas médias gastam 5,8% da receita com TI, sendo que 72% deste orçamento vai para as atividades de administração do negócio.[5] Uma meta válida para qualquer organização é reduzir os custos deste tipo de atividade (presumindo que a qualidade dos serviços seja mantida em um nível aceitável). As unidades de TI com desempenho alto conseguem reduzir as despesas para administrar o negócio em 50%, liberando recursos para melhorar a empresa. Na realidade, um dos principais fatores de sucesso na demonstração do valor pelo dinheiro nas organizações de TI é fazer isso visivelmente, o que será discutido no capítulo 3.

Mas se é somente isso que TI tem, o valor oferecido por TI é seriamente limitado. As empresas de sucesso não apenas administram. Elas *fazem crescer*, o que significa que elas aumentam os lucros de seus mercados existentes e segmentos de clientes (ou, no caso de uma organização do setor público, expandem o escopo, profundidade ou alcance de suas missões). Com menos frequência, elas *transformam*, ou seja, entram em novos mercados com novas propostas de valor direcionadas a novos segmentos de clientes. Se TI não consegue demonstrar sua contribuição para as iniciativas de crescimento do negócio ou transformação do negócio, então ela não é um participante das atividades que fazem com que a empresa seja cada vez mais viável e bem-sucedida.

Dizer que TI é apenas o custo em se fazer negócios é posicioná-la como uma simples concessionária de serviços públicos, como eletricidade, por exemplo – um produto genérico que não contribui em nada para o sucesso crescente da empresa, exceto por preservar sua habilidade básica em fazer negócios. Um executivo que permite e encoraja TI a ser considerada sob este ponto de vista está, basicamente, pedindo que a empresa renegue o papel de TI em agregar valor. Esta é uma receita para o fracasso, não apenas em TI, mas em muitos casos para a empresa como um todo.

O valor de um administrador do banco de dados pesa mais do que o custo

Um colega recebeu recentemente uma solicitação pedindo diretrizes sobre como estimar as contribuições de valor relativas das várias funções de TI, como análise dos negócios, administração do banco de dados e segurança de TI. Isso é quase como querer quantificar as contribuições de valor relativas do motor de um carro e sua transmissão. O resultado realizado pelo carro – transporte com certo estilo – depende absolutamente de ambos. É possível calcular os custos como a soma de contribuições individuais, mas você não pode calcular o valor assim. (Um marqueteiro diria aqui que existem metodologias para definir a atração relativa de cada uma das características e funções do carro para um comprador. É possível que essas metodologias possam ser aplicadas ao nível de serviço requerido para serviços específicos de TI, mas ainda não vimos isso acontecer.)

Este é um dos motivos pelo qual as organizações de TI querem mudar a conversa. Elas reportam para o restante da empresa em termos de serviços e dos resultados que esses serviços criam, em oposição aos componentes de TI que contribuem para esses serviços.

"Os gerentes de TI produzem tecnologia de ponta para a empresa"

As raízes profundas da maioria das organizações de TI encontram-se em um ambiente no qual o pessoal de TI se comunica entre si na maior parte do tempo usando termos técnicos, e eles julgam o sucesso ou fracasso pelo desempenho das máquinas que eles supervisionam. Hoje em dia, é raro encontrar uma equipe de TI que não entende o modelo comercial da empresa e as maneiras como TI contribui para seu sucesso. Mas para muitas organizações de TI, uma orientação persistente voltada para o desempenho da máquina – e não dos negócios – permanece, e essa orientação dificulta a comunicação do valor para o restante da empresa. Assim como qualquer armadilha do valor, é um comportamento que não faz mais sentido em um ambiente moderno – um ambiente no qual se espera que TI não apenas administre as máquinas, mas que também contribua para um desempenho significantemente melhor da empresa.

A mensagem básica deste capítulo, na verdade deste livro, é simples: a maneira correta de discutir o desempenho e o valor de TI é focar nas contribuições de TI para o desempenho e o resultado dos negócios, e não no desempenho das máquinas.

"Meu executivo me disse: 'Você tem tido sucesso em implementar a tecnologia. Mas seu trabalho é assegurar que as mudanças sejam implementadas nas fábricas, aceitas e sustentadas pela administração e pelos empregados.'"[6]

– Robert Proulx, executivo, Bombardier

"Muitos executivos acham que são focados nos clientes, mas eles estão no caminho contrário. Veja o painel de desempenho do executivo – o que é mostrado no painel? Deveriam ser coisas como novas vendas, a velocidade dos fechamentos, e quanto tempo leva para abrir e fechar um produto. Muitas organizações de TI têm métricas que dizem: 'Estamos 99,99% em tempo de atividade, somos rápidos'. O encanamento é maravilhoso, mas ninguém se importa."[7]

– Butch Leonardson, executivo, Boeing Employees Credit Union

Essa prática é contrária à prática de muitas (se não da maioria) das organizações de TI, a qual é reportar sobre as operações em termos orientados pelas máquinas, tal como tempo de atividade da rede. E nós concordamos que os técnicos que mantêm os níveis de serviço de TI precisam de informações detalhadas descrevendo como as máquinas funcionam para que eles possam mantê-las e ajustá-las para o desempenho máximo. Mas isso não tem a ver com *valor*; é sobre *manutenção*. É uma visão para dentro que se tornou cegamente para fora. Não é o que você deveria estar comunicando ao *usuário* – a pessoa que paga pela máquina na esperança de um resultado desejável – e é com isso que nos preocupamos aqui.

Alguns executivos, e muitos outros profissionais de TI, agem como se eles acreditassem que seus trabalhos acabam quando a tecnologia é instalada. O problema é que, do ponto de vista de todos os outros executivos, o trabalho só acaba quando a empresa alcança os resultados que ela quer e pelos quais pagou. Quando as equipes de TI produzem apenas tecnologia, o que eles produzem é visto nos mesmos termos, e não como valor.

Poderíamos argumentar que o sucesso de uma mudança comercial é responsabilidade dos executivos, e nós simpatizamos com este ponto de vista. Mas em um estudo da CISR do MIT, 110 executivos não-TI colocam os processos de negócios e a mudança organizacional nas suas listas de responsabilidades de TI, e não responsabilidade dos negócios. Esses executivos reconhecem que eles provavelmente terão de puxar as alavancas que fazem com que a mudança ocorra, mas eles dependem de seus líderes de TI para ajudá-los a entender exatamente quais alavancas puxar e por quê.[8]

"Quando temos reuniões importantes com clientes institucionais, a equipe de TI vai junto, isto porque nossos clientes sabem que esta é uma empresa de tecnologia. Podemos impulsionar os negócios sendo movidos pelas métricas ao redor da qualidade e eficiência nas operações e na tecnologia. Nossos clientes veem isso, e o escritório central também."[9]

– Cara Schnaper, EVP, TEchnology & Operations, TIAA-CREF

Nos capítulos a seguir, discutiremos em detalhes como os executivos podem reportar o desempenho de TI mais eficazmente. Por ora, observamos que, no que diz respeito às operações de TI, assim como com todas as outras coisas, comunicar valor significa lembrar que é sobre a empresa, não sobre TI. É sobre o que a empresa e seus clientes veem e experimentam, e não o desempenho das máquinas.

Para ajudar a ilustrar a diferença entre investimento em TI e os resultados dos negócios, vamos considerar uma analogia: o valor respectivo proporcionado pelo exercício físico e por um aparelho de exercícios.

Qual é o valor de um aparelho de exercícios?

Nenhuma pessoa informada duvida do valor do exercício. Até mesmo aqueles que raramente se exercitam sabem que o exercício promove boa saúde, vigor, melhora a pele e traz uma série de outros benefícios conhecidos e desejados.

Portanto, este é o valor do exercício. Qual é o valor de um *aparelho* de exercícios?

Se medirmos este valor nos mesmos termos que muitas organizações de TI medem seu próprio desempenho, poderíamos citar exemplos como o número de horas por semana em que o aparelho é usado e os vários graus de intensidade de exercícios que ele suporta. Mas tais medidas são sobre o desempenho do aparelho, e não o desempenho da pessoa que o usa, a verdadeira fonte de valor.

Deveríamos medir o valor do aparelho como um ativo? Certamente o aparelho pode ser comprado e vendido, depreciado e amortizado, e daí por diante. Mas neste sentido o valor do aparelho não é muito específico às necessidades da pessoa que o comprou. Como ativos, o aparelho de exercício e um televisor são equivalentes. Porém, está claro que o valor que eles produzem não é equivalente.

Basicamente, o valor do aparelho deve ser medido em termos de seus efeitos sobre a pessoa que o usa para se exercitar – os *resultados* – e não em termos da operação do aparelho. Especificamente, o valor é medido sobre o impacto do aparelho no desempenho do proprietário – sua habilidade em correr mais e mais rápido, de levantar mais pesos, de manter-se em forma.

Mas como o valor do aparelho é diferente do valor do exercício que o aparelho proporciona? A resposta é que o aparelho melhora a eficácia e eficiência do exercício de maneira específica que realmente importa. O proprietário poderá se exercitar em certo horário, em certo ambiente, com ênfase em melhorar certos aspectos, a certo custo. (Quando um tipo específico de aparato é fundamental, como no caso de um esquiador olímpico ou ciclista profissional, os aparelhos usados para o exercício são, sem dúvida, mais refinados.) Portanto, a medida de valor é que o aparelho melhora o desempenho de modo mais eficiente que as alternativas disponíveis.

Essa metáfora pode ser estendida para a linguagem usada para comunicar o valor do aparelho. Quando alguém decide comprar um aparelho de exercícios, ele não está pensando na qualidade da correia da esteira, que não deve parar de girar; em vez disso, ele está pensando sobre como ele vai ficar em forma para aquela festa daqui a três meses (veja a tabela 2-2). Isto é, com certeza, o que o vendedor está vendendo.

Mas o que a sua equipe de TI está vendendo? Em muitas empresas, a linguagem usada pelos profissionais de TI (e seus colegas por toda a empresa) para discutir as iniciativas comerciais que incluem investimentos substanciais em tecnologia é desviada para a máquina – para as funções e características – e para longe do resultado desejado nos negócios. Muitas equipes de executivos e executivos – na realidade, muitos – falam sobre "um projeto ERP" ou "Projeto SAP", quando o que eles estão realmente falando é sobre a configuração da rede de fornecimento, ou sobre "o projeto CRM" quando estão tentando realmente melhorar suas habilidades em encontrar, ganhar e manter os clientes. É o mesmo que chamar um programa de exercícios de "projeto esteira".

TABELA 2-2

O valor de um aparelho para exercícios é medido pelo seu efeito no usuário

Métricas centradas no aparelho para exercícios (armadilhas de valor)	Métricas centradas no usuário dos exercícios
• Número de horas por semana em que o aparelho está em uso. • Número de calorias queimadas por sessão de uso. • Grupos de músculos exercitados.	• Número de quilos perdidos desde o começo do programa de exercícios. • Número de quilos para o peso desejado. • Peso máximo do aparelho de musculação. • Tempo para correr 100/200/500 metros. • Como estou bem desde que comecei a me exercitar.

Os resultados deste tipo de ideia errada são previsíveis e desagradáveis. Um estudo feito pela Gartner e Forbes.com em 2004 descobriu que, quanto mais alta a posição de um executivo no organograma da organização, maior a probabilidade de ele responsabilizar TI pelo fracasso de um projeto importante. Aproximadamente 94% dos CEOs que responderam ao estudo responsabilizavam TI pelo fracasso do projeto.[10] O uso de uma linguagem que implica que o projeto tem tudo a ver com TI contribui para essas percepções.

Um enfoque nos resultados dos negócios começa com uma linguagem que é usada para discutir iniciativas de negócios. Neste sentido, *nenhum* projeto é um projeto de TI. *Nenhum* projeto produz tecnologia. Todos os projetos são iniciativas de negócios focadas em um resultado que produza uma melhora no desempenho dos negócios – ou então ele não tem lugar em uma agenda executiva.

"Eu falei de um *upgrade* de milhões de dólares no banco de dados para o COO, meu chefe, e ele disse: 'Ninguém se importa com o banco de dados. Você precisa falar de um jeito que todos se importam'. Assim sendo, o chamamos de 'projeto sobre a fundação da empresa'. Dissemos a todos, 'Esta é nossa fundação, e ela precisa ser sólida ou a casa cai'."[11]

- Trey Lewis, executivo, Campus Crusade for Christ

Considere a figura 2-1, tirada diretamente de uma apresentação feita por Michael Bott, executivo da Controladoria-Geral da Cidade de Nova York, para sua equipe administrativa de TI em junho de 2008. A única referência à tecnologia neste quadro é a palavra *Cyber* no título (que se refere ao nome de um sistema criado por esta equipe de TI para automatizar os acordos de indenizações por danos que envolviam as calçadas da Cidade de Nova York). Todo o restante descreve resultados dos negócios, valor dos negócios e crescimento dos negócios. Resumindo, o quadro claramente transmite a mensagem de que essa organização de tecnologia da informação é totalmente sobre negócios.

FIGURA 2-1

Uma apresentação de TI totalmente sobre negócios

A Cidade de Nova York

Controladoria-Geral — Departamento de Sistemas de Informática

CYBERSETTLE

Indo Além da Economia de Custos e Ganhos de Produtividade para a Criação do Verdadeiro Valor a Partir da Inovação

- Economizou para a Cidade aproximadamente $53 milhões desde seu início em 2004.
- Fez acordos em mais de 3.600 indenizações, o que representa $33,4 milhões em acordos.
- Sem a Cybersettle, essas indenizações teriam custado à Cidade aproximadamente $86,4 milhões.
- O número de indenizações resolvidas na Cybersettle aumentou 161% nos últimos 3 anos; FY2008 dobrará o número de indenizações e dólares em indenizações do ano anterior.
- A Cybersettle expandiu as indenizações de acidentes em calçadas para incluir outras 4 categorias: Veículos Motores, Danos Pessoais, Escolas e Danos à Propriedade.
- A Cybersettle transformou completamente o processamento de indenizações para a Cidade de Nova York.

BIS MANAGEMENT RETREAT

06 de junho de 2008

Fonte: Cidade de Nova York, Controladoria-Geral. (Usado com permissão.)

"Ninguém me traz uma proposta para TI em si. Eles trazem uma questão ou oportunidade, definida em torno da empresa, e TI é um dos pilares."[12]

– John Hammergrern, Presidente e CEO, McKesson

A tabela 2-3 lista alguns exemplos de linguagem alternativa focada no resultado, as quais você poderá usar para comunicar sobre as iniciativas sustentadas por TI com os executivos de maneira que eles possam entender facilmente. Estas frases não são simplesmente "prolongamentos" do marketing; elas são declarações precisas da natureza e propósito das iniciativas.

TABELA 2-3

Transmita a todos a mensagem de que *todas* as iniciativas são iniciativas de negócios

Não diga...	Diga...
Solução ERP.	Transformação da manufatura.
Tempo de atividade na rede.	Tempo de atividade no ponto de vendas.
Ciclo de vida de desenvolvimento de aplicativos.	Ciclo de vida de desenvolvimento do produto.
Construir Infraestrutura de TI.	Sustentar o crescimento da empresa.
Instalar CRM.	Obter e manter clientes.

As armadilhas das desculpas

As *armadilhas das desculpas* são sobre como a execução e produção da equipe de TI são vistas pelos usuários.

"Nada é perfeito (especialmente algo tão complexo quanto TI)"

Parece óbvio dizer que a organização de TI que quer ser levada a sério precisa produzir de modo confiante. Mas o legado de muitas organizações de TI inclui um histórico de serviço ruim e projetos que fracassaram inteiramente ou foram entregues após o prazo e além do orçamento – e da administração executiva que implicitamente tolerou esses fracassos por não responsabilizar ninguém.

Em 1994, o estudo histórico da Standish Group sobre a administração de projetos de TI estimou que aproximadamente 80% de todos os projetos de TI eram fracassos parciais ou totais.[13] A situação melhorou desde então, mas não em todos os lugares. Uma pesquisa recente da Gartner estima que a taxa de fracasso para projetos de TI de médio porte (orçamento acima de $350 mil) e grande porte (acima de $1 milhão) é de aproximadamente 20%, com taxas e custos aumentando com o tamanho dos projetos.[14] Acreditamos que tais fracassos não passam despercebidos. No estudo da Gartner sobre a Agenda do executivo em 2008, feito com 1.401 executivos, 36% foram classificados como "em risco", e 22% como "reformuladores" em termos de seus relacionamentos com a equipe executiva.[15]

Existem vários motivos para uma organização de TI não produzir, incluindo a má administração dos processos ou do canal de iniciativas de negócios, ou por considerar erroneamente as prioridades e riscos de TI como prioridades e riscos de negócios. Talvez o motivo mais importante seja simplesmente o fato de que pela maior parte do século 20, enquanto o papel, o escopo e a prática de TI evoluíam rapidamente – com todos os começos falsos e erros que esta implica – muitos executivos não entendiam a tecnologia ou suas capacidades e não sabiam que eles poderiam exigir algo mais, algo melhor. Em outras palavras, para muitas organizações de TI, a entrega incompleta é um hábito antigo pelo qual elas nunca tiveram de pagar o preço.

Mas o fato é que elas acabam pagando o preço. A equipe de TI poderá pensar "Ninguém é perfeito", mas o restante da empresa pensa "Qualquer um que fracassa com essa frequência, e tanto, não pode ser confiável". Pior ainda, os executivos simplesmente aceitam a ideia de que, o que quer que eles recebam de suas organizações de TI, é tudo que eles podem esperar. Eles veem outras empresas usando TI para alcançar um desempenho inovador; e sabem que poderão comprar serviços de TI de terceiros. A organização de TI que não consegue ajustar seu comportamento à essa percepção alterada está em uma armadilha do valor da qual ela precisa escapar antes que qualquer outra discussão sobre valor seja possível. A nova regra é: a equipe de TI nunca deve ser vista como complacente a respeito do fracasso nem sobre aceitar o desempenho atual como o melhor que pode ser esperado.

Pesquisadores em administração de serviços descobriram que a maneira como uma organização se recupera do fracasso é tão importante para moldar as percepções e lealdade dos clientes quanto o fracasso em si.[16] Quando os fracassos ocorrem, os gerentes de TI deve proativamente mostrar aos clientes que eles estão sentido suas dores e farão o que for necessário para minimizá-las. Eles devem, então, tomar medidas visíveis para minimizar tais incidentes no futuro.

A perfeição pode não ser possível, mas a excelência deveria ser o mínimo. Como os gerentes em todos os outros departamentos da empresa, os gerentes de TI devem trabalhar para continuamente melhorar o desempenho de TI – e devem mostrar o que fazer. Isso envolve melhorar o valor ao reportar o valor, o qual discutiremos no início do capítulo 3. Envolve também dominar o ciclo virtuoso – avaliação da oportunidade, decisões transparentes sobre investimentos, execução e colheita – os quais descreveremos no início do capítulo 5.

"Se você não seguir nossas regras, não podemos garantir que funcionará"

As regras existem por um motivo. Sem regras, em TI e em todos os outros lugares, as pessoas criam situações que aumentam os riscos. Mas quando elas são rigorosamente impostas, com pouca oportunidade para exceções, então as regras – e aqueles que fazem as regras – tornam-se obstruções.

Muitos profissionais de TI têm alguma experiência em engenharia: eles começaram suas carreiras como programadores e formuladores de mecanismos complexos, geralmente em circunstâncias que exigiam alta confiabilidade e previsibilidade nas coisas que eles construíram. Esses profissionais têm talento de engenheiro para construir coisas que funcionem perfeitamente desde o começo. Esse talento é reforçado em muitos casos pela experiência, especialmente pelo tipo de experiência que segue o fracasso de uma parte da tecnologia fundamental para a missão.

Em contraste, os gerentes de negócios geralmente não pensam como engenheiros. Eles têm a tendência de acreditar que "bom o suficiente" é um bom começo, e o progresso geralmente consiste em fazer as coisas melhores todos os dias do que fazer as coisas perfeitas na primeira tentativa. De fato, uma das atrações das metodologias populares de negócios, como gestão da qualidade total (TQM) e *six sigma*, é sua dependência de abordagens iterativas, passo a passo, para melhorias, as quais reconhecem e justificam o fato de que, para a maioria das organizações, é muito mais fácil evoluir para a perfeição do que fazer tudo certo na primeira tentativa.

Essa diferença entre os pontos de vista da engenharia e da administração de empresas ajuda a explicar a armadilha do valor, que ocorre quando o pessoal de TI rigorosamente impõe regras e padrões sem comunicar por que essas regras existem. Os líderes de TI sabem que é difícil entregar serviços confiáveis a um custo eficaz em um ambiente de TI caótico. Os silos de tecnologia, as emaranhadas e complexas massas de códigos de interface, a tecnologia envelhecida e as ligações confusas para os processos de negócios criam complexidades que são difíceis de administrar bem, se não impossíveis. Os custos e riscos surgem ao passo que a confiabilidade falha. A manutenção exige tantos recursos que pouco sobra para as novas iniciativas.

Todo bom líder de TI sabe que a resposta é melhorar a fundação (como descrito no nosso livro *O Risco de IT*): evoluir a complexa massa tecnológica existente para uma plataforma tecnológica bem projetada, funcionando sem problemas.[17] Mas a maioria das empresas não consegue fazer isso em uma etapa. A abordagem típica é estabelecer e impor uma arquitetura de tecnologia e um conjunto de padrões para guiar a empresa à medida que sua base tecnológica gradualmente evolui na direção correta.

Até agora, tudo bem. Mas onde TI vê os *trade-offs* necessários para eventualmente produzir uma base tecnológica administrável e eficiente, os líderes de negócios veem obstáculos. Para eles, cada caso requerido é um exercício burocrático de hipocrisia. Cada padrão é outra regra inútil que faz com que o trabalho de TI seja mais fácil e o deles mais difícil.

Esta é uma armadilha complexa do valor, não tanto porque ela envolve interesses concorrentes – basicamente, ambas as partes têm forte interesse em uma base tecnológica bem projetada, funcionando sem problemas, mesmo que eles não pensem sobre ela nos mesmos termos – mas porque ela envolve trocar os riscos de oportunidade altamente visíveis e atuais por riscos negativos futuros que são menos imediatamente específicos e tangíveis. O problema é particularmente difícil porque faz parte da tendência humana universal amenizar a importância de riscos futuros cuja ocorrência e consequências são incertas, e enfatizar a importância de riscos atuais e visíveis.

As soluções envolvem negociações formais e informais, incluindo os mecanismos transparentes de investimentos que discutiremos no capítulo 6. Acima de tudo, o executivo deve evitar tornar-se uma obstrução permanente à experimentação comercial sustentada pela tecnologia.

"A primeira coisa que eu disse ao meu pessoal foi: 'Parem de dizer não'. Eles eram vistos como rigorosos e difíceis; ninguém queria trabalhar com eles. Quando paramos de dizer não, a opinião da empresa sobre nós mudou. Aí pudemos começar a explicar por que as regras existiam."

– Executivo de uma empresa de alta tecnologia

Como um sábio nos disse uma vez, "Não existem questões tecnológicas. Existem apenas questões pessoais". Esta armadilha do valor é fundamentalmente sobre as pessoas na organização de TI, suas habilidades, suas atitudes e a maneira como elas interagem com o restante da empresa. Relembre os resultados do estudo mostrados anteriormente na tabela 1-1, os quais descrevem as principais questões daqueles que participaram do curso de educação de executivos no Colégio de Administração Sloan no MIT, "TI para o executivo não-TI". Dê outra olhada naquela lista e observe que a maioria das questões reflete uma comunicação ruim entre TI e o restante da empresa ("Nosso executivo fala um idioma estrangeiro" é um soco no estômago no que diz respeito a isto).

- Estamos gastando muito com TI.
- TI é um buraco negro.
- Os projetos deixam de produzir.
- TI não tem foco no cliente.
- Precisamos gastar de modo mais inteligente.
- Deveríamos terceirizar?
- Existem riscos enormes e desconhecidos a cerca de TI.
- Falta de confiança entre TI e a empresa.
- Nosso executivo fala um idioma estrangeiro.

Evitando que as regras se tornem obstáculos

Suponhamos que um alto executivo leia sobre as características de um aparelho celular portátil e imediatamente queira equipar cada vendedor com um deles. Quando o executivo diz: "Nós não podemos fazer isso – existem riscos de segurança, não faz parte de nossa arquitetura", o que o executivo escuta é a palavra ***não*** cercada de barulhos. TI é marcada como um obstáculo, e o executivo começará a procurar meios para contornar as regras.

Os executivos poderão alcançar os mesmos resultados com menos dor ao ressaltar que o investimento pode ser muito mais arriscado do que o executivo originalmente pensava. Apenas diga: "Ideia excelente! Vamos ver como podemos fazê-la funcionar", e trabalhe em conjunto com o executivo para examinar (1) onde e como o desempenho dos negócios melhorará com o resultado da nova tecnologia; (2) os custos – incluindo todos os custos para compras, treinamento e mudanças nos processos de negócios – para aproveitar a nova tecnologia; e (3) os riscos, tais como as consequências comerciais em uma potencial perda ou mau uso dos aparelhos. Nessa hora, o executivo patrocinador poderá decidir se a iniciativa é aprovada ou não. TI poderá começar a trabalhar, ou não, quando necessário.

No mínimo, o executivo patrocinador começará a entender as questões importantes para TI na sua própria linguagem. Ele inconscientemente começará a incluir essas questões em seu pensamento sobre projetos futuros e também aprenderá que a equipe de vendas terá de fazer muito ou mais do que a equipe de TI para realizar melhorias no desempenho dos negócios. Idealmente, a equipe de TI ganhará a reputação por ser a equipe que ajuda na tomada de boas decisões e faz as grandes ideias funcionarem, em oposição a ser a equipe que sempre diz não.

A comunicação exige o tipo certo de pessoas e habilidades, não máquinas, e não foi por acidente que o estudo da Agenda do executivo de 2009 do Programa para Executivos da Gartner descobriu uma diferença dramática nas prioridades relativas dos executivos mais eficazes e os menos eficazes no que diz respeito aos funcionários. Como mostra a figura 2-2, os executivos mais eficazes colocam como sendo a mais alta prioridade de todos os executivos melhorar a qualidade de seu pessoal.

FIGURA 2-2

Estratégias de executivos em 2009 pela eficácia da empresa

Os executivos mais eficazes colocam maior prioridade na qualidade de seu pessoal

	Prioridade relativa de estratégia para o executivo			
Estratégia	*Líderes*	*Desafiadores*	*Seguidores próximos*	*Seguidores tardios*
Realizar projetos que possibilitam o crescimento da empresa	1	1	5	9
Ligar os negócios e as estratégias e planos de TI	2	3	1	6
Reduzir o custo de TI	3	2	2	2
Atrair, desenvolver e reter o pessoal de TI	4	7	12	11
Melhorar a qualidade dos serviços de TI	5	6	7	5
Expandir o uso da informação	6	11	9	15
Desenvolver habilidades comerciais na organização de TI	7	12	10	13
Liderar as iniciativas de mudanças da empresa	8	13	13	7
Implementar as melhorias nos processos de TI	9	4	4	6
Desenvolver ou administrar uma infraestrutura flexível	10	8	11	10
Melhorar a governança de TI	11	5	3	1
Administrar os riscos e a exposição	12	14	14	12
Consolidar as operações de TI	13	9	8	8
Aprimorar o relacionamento entre os negócios e TI	14	10	6	3

Fonte: Gartner Executive Programs 2009 CIO Agenda Survey.

As armadilhas dos papéis

As *armadilhas dos papéis* são sobre os relacionamentos. Os profissionais de TI precisam reconhecer as implicações dos papéis que eles tradicionalmente escolheram desempenhar em suas organizações.

"Os negócios são os clientes de TI"

Você já ouviu o chefe de vendas, de marketing ou de manufatura descrever alguma outra parte dos negócios como seus *clientes*? Você já ouviu o chefe de vendas, de marketing ou de manufatura falar sobre "alinhar" essas funções com os negócios?

As únicas pessoas em qualquer empresa que descrevem qualquer um, exceto as pessoas que compram os produtos e serviços da empresa, como "clientes", são o pessoal de TI. As únicas pessoas na empresa que falam sobre "se alinhar com os negócios" são o pessoal de TI. (Talvez o chefe de vendas tenha falado sobre alinhar sua função com uma nova estratégia ou uma nova proposta de valor, ou o chefe de manufatura tenha falado sobre se alinhar com os novos indicadores-chave de desempenho – mas se alinhar com os *negócios*?)

Esta visão não pode ser boa para TI. É um legado da era na qual a organização de "processamento de dados" era quase que inteiramente povoada por pessoas que tinham muito pouca conexão diária com o restante da empresa. Esses dias já se passaram, mas a mentalidade sutilmente persiste, e ela separa TI do restante da empresa de maneira nociva.

O que os executivos basicamente querem de TI não é seu alinhamento, nem serem tratados como clientes. Os executivos querem *resultados*. Aumento nas vendas, aumento nas margens e aumento na participação no mercado são exemplos dos resultados que os executivos querem. Se a equipe de TI estiver falando sobre esses resultados, e ajudando a produzi-los, então o "alinhamento com os negócios" não é um problema. Mas se o alinhamento é a meta e o tópico em discussão, então a equipe de TI está, na realidade, mostrando que ela não está focada nos resultados que realmente importam.

A linguagem é poderosa. O que dizemos molda a maneira como pensamos – e isto certamente molda a maneira como os outros pensam sobre nós. Assim sendo, chamar os negócios de "clientes" simplesmente transmite a ideia de que TI não é parte da empresa. Isso coloca a organização de TI como um fornecedor, o que tem conotações indesejáveis. Para começar, os interesses de um fornecedor nunca coincidem exatamente com os do cliente, e quando as coisas estão realmente ruins, espera-se que um fornecedor coloque seus próprios interesses acima dos interesses dos clientes. Os fornecedores também requerem supervisão; um cliente deve ficar sempre em cima de um fornecedor para garantir que este entregará o que foi pedido. Na mente de muitas pessoas, um fornecedor – mesmo o mais confiável – não é, e nunca será, um colega ou companheiro.

A linguagem tem conotações negativas também para o pessoal de TI. Mais importante, ela reforça a distinção desnecessária e indesejável entre TI e o restante da empresa. Ela leva o pessoal de TI a focar mais em gastos e cobranças retroativas do que em fazer a coisa certa. Pensar na "empresa" como um cliente também leva à ideia de que TI deveria fazer o que o cliente quer, uma questão bastante séria que discutiremos como uma armadilha do valor separada na próxima seção.

Al-Noor Ramji, da British Telecom, se expressa da seguinte maneira:

> Eu não permito o uso da expressão "enfrentar o cliente", a menos que essas pessoas estejam me pagando em dinheiro de verdade. O que estava acontecendo na nossa organização era que as pessoas usavam a palavra "cliente" para dizer colegas. Agora se você me der algumas 'verdinhas', você é o cliente. Se você me der o que eu chamo de 'dólares azuis'... é apenas uma transferência interna de dinheiro. Não é dinheiro de verdade...
>
> Desse modo, a maioria das decisões de gastos passa por mim, mas... os orçamentos ainda são mantidos pelas linhas comerciais. Eles não podem gastar o dinheiro em TI sem mim. Por outro lado, eu não posso gastar o dinheiro sem eles. É muito importante termos este modelo de parcerias, porque assim nenhum lado é visto como sendo capaz de fazer algo por conta própria.[18]

Os líderes de TI podem, e devem, mostrar que eles conseguem produzir serviços tão bem e tão econômicos como qualquer outro fornecedor externo crível (ou achar outra pessoa que possa fazer o trabalho); este é o significado de "valor pelo dinheiro", o tópico do nosso próximo capítulo. Mas os líderes de TI precisam ir muito mais além do que isso, e chamar o restante da empresa de "clientes" irá, mais cedo ou mais tarde, atrapalhar.

"No final do dia, eu sou um executivo que está tão comprometido com vendas e lucros como qualquer outro executivo."[19]

– Guido Sacchi, CEO, Moneta Corporation (ex-CIO, CompuCredit)

Propomos a "regra do chefe de vendas" como um teste simples para garantir que a linguagem que os executivos e suas equipes usam seja apropriada: *Se o chefe de vendas não dissesse isso nesses termos, o executivo também não deveria dizê-lo.*

A regra do chefe de vendas não é infalível. Como discutimos mais adiante neste livro, existem bons motivos para o executivo precisar falar sobre governança e o chefe de vendas não. Mas a regra funciona para a maioria das coisas que TI faz, e é um bom teste de coragem para a linguagem que os executivos usam para discutir os negócios.

"O cliente está sempre certo"

Pensar no restante da empresa como clientes de TI e focar no alinhamento com os negócios, geralmente leva TI a achar que o cliente está sempre certo e que o que se precisa fazer, focando no cliente, é responder imediatamente a qualquer solicitação. Mas na falta de um projeto maior, produzir sem fazer perguntas sobre qualquer situação é uma armadilha do valor. Com o passar do tempo, estabelecer TI como aquela que recebe os pedidos produz o ambiente complicado, frágil e caro que a maioria das empresas maduras tem. Isso prejudica a habilidade da empresa em produzir o que é necessário para o futuro. Mesmo quando a demanda pelos serviços de TI está aparentemente sob controle, a pressa em produzir cria demandas futuras que certamente excederão a oferta.

Esses perigos, os quais são basicamente sobre a agilidade, são ilustrados vividamente pelo que aconteceu ao fabricante de alta tecnologia Tektronix nos anos 90. Por anos, a unidade de TI havia produzido o que a empresa queria, a pedido. Cada nova solicitação corrigia os sistemas existentes e os conectava a um emaranhado de interfaces cada vez mais complexo e sem documentação. Passou a ser cada vez mais difícil e mais demorado para TI trabalhar de acordo com os pedidos, grandes e pequenos, da empresa. É claro que TI assumiu a culpa dessa deterioração visível no pronto atendimento. A situação chegou ao limite quando a administração descobriu que ela não podia se desfazer de uma divisão porque seus sistemas eram muito densamente emaranhados com os sistemas de outras divisões. Isto bastou para chamar a atenção de todos. A equipe administrativa teve de fazer investimentos pesados para aprimorar os sistemas de TI e os processos de governança da empresa para poder gerar o tipo de valor que ela precisava dos seus investimentos em TI.[20]

Como disse Al-Noor Ramji, executivo da British Telecom, "Se eles não estão gastando dinheiro de modo inteligente, deveríamos discutir sobre isso".[21] Quando um executivo descreve como o desempenho dos negócios deve mudar, ele certamente sabe sobre o que está falando; mas quando se trata de como os sistemas e processos de negócios deveriam mudar para alcançar a meta, ele pode estar muito errado. Quando os líderes de TI ajudam a empresa a esclarecer os resultados desejados e proporcionam contribuições significantes na mudança do processo de negócios sustentado pela tecnologia, eles ajudam o cliente a obter o que ele realmente precisa, e não apenas o que ele está pedindo. Discutiremos isso nos capítulos 5 e 6.

Devemos alertar que repelir não é a mesma coisa que insistir que todos sigam as regras de TI. O equilíbrio dos dois é um processo complexo que depende da situação e de seu relacionamento com a pessoa que está solicitando seus recursos. A ofensiva efetivamente começa com uma fundação de credibilidade que origina da produção efetiva.

Mudar o comportamento que cria as armadilhas do valor

A tabela 2-4 resume nossa discussão sobre as armadilhas do valor. Ela mostra as crenças antigas, as novas realidades para TI que fazem com que as antigas sejam perigosamente obsoletas, e as mudanças que você deve fazer para escapar de cada armadilha do valor.

O erro fundamental em todas as armadilhas do valor é colocar a máquina de TI, e não os resultados dos negócios, no centro da discussão. No final, é sobre o desempenho da empresa, e não sobre o desempenho da máquina.

Em seguida, examinaremos as maneiras como os executivos bem-sucedidos tomam o segundo passo no caminho para o valor visível de TI: estabelecer a organização de TI, efetivamente, com a reputação de um provedor de serviços confiável e de custo eficaz, que transmita o valor pelo dinheiro.

"Criamos um plano de jogo para cada processo – cadeia de suprimento, manufatura e assim por diante – e o fixamos com o proprietário do processo. Assim, em vez de ficarmos dando voltas, fazendo milhares de consertos pequenos que os usuários conseguem facilmente fazer – e nenhum desses consertos tem um ROI – podemos focar em questões maiores."[22]

– Sam Coursen, executivo, Freescale Semiconductor

TABELA 2-4

Armadilhas do valor e as novas realidades

Crenças antigas de TI	A nova realidade	O que deve mudar
Não deveríamos ter de falar sobre nosso desempenho; ele fala por si mesmo.	As pessoas apenas veem o que mais lhes afeta, e geralmente são os problemas.	Constantemente medir e publicar o desempenho. Expressar o desempenho de TI em termos que o conectam ao desempenho da empresa.
TI é o custo em se fazer negócios.	Se TI é apenas um custo, então é algo para ser constantemente reduzido.	Nunca transmitir o custo sem transmitir o valor e o desempenho.
Os gerentes de TI produzem tecnologia de ponta para a empresa.	A tecnologia não é um resultado. Ela prepara os executivos para obter crédito pelo custo e pelo problema, mas não pelo valor.	Porque o valor de TI vem da mudança em como a empresa funciona, os líderes de TI devem ajudar a produzir a mudança na empresa. No mínimo, ajudar os líderes de negócios a entender quais alavancas eles precisam puxar.

(Continua)

TABELA 2-4

Armadilhas do valor e as novas realidades (Continuação)

Crenças antigas de TI	A nova realidade	O que deve mudar
Nada é perfeito (especialmente algo tão complexo quanto TI).	Se TI fracassa em tempos difíceis, ela não pode ser confiável. Se não discutirmos quanto fracasso é muito, então sempre será muito. E se não assumirmos o foco na recuperação, então todo fracasso criará animosidade.	O desempenho de TI deve ser continuamente e visivelmente melhorado, inclusive medindo os fracassos – e aprendendo com eles. E quando discutir os fracassos, TI deve praticar a "recuperação do serviço" focada no cliente.
Se você não seguir nossas regras, não podemos garantir que funcionará.	Focar nas regras em vez de focar nos motivos faz com que TI pareça inútil. Se os líderes de negócios não conseguem ver o raciocínio lógico para as regras, então TI é uma obstrução.	Todos entendem por que as regras existem. TI tem um método justo para considerar as solicitações para exceções e uma maneira proativa de mudar os padrões quando necessário.
Os negócios são os clientes de TI.	TI deve ser um colega e não um fornecedor.	Usar a regra do chefe de vendas – não posicione TI como um caso especial e algo separado de todo o resto.
O cliente está sempre certo.	Os executivos precisam de mudanças comerciais, não tecnologias específicas. E eles muitas vezes não querem pagar pelas importantes contribuições que não têm uma recompensa direta para os planos de suas unidades.	Ajudar a empresa a focar no que ela precisa para melhorar o desempenho, não apenas o que ela pede. Justifique a posição para o financiamento da empresa em infraestrutura base e investimentos em capacidades que nenhuma unidade de negócios específica solicitaria por conta própria.

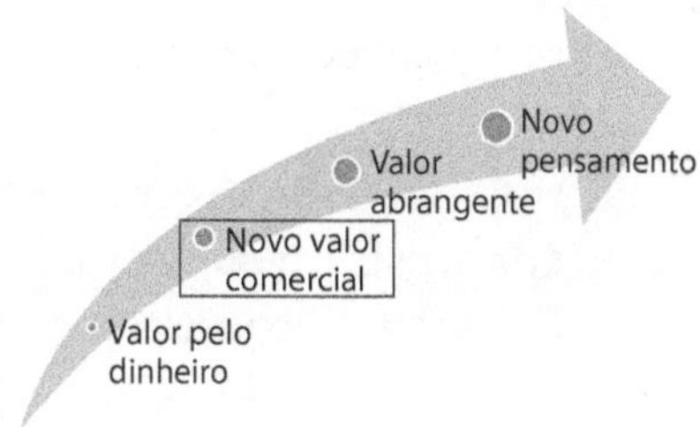

[3]

Mostrar Valor pelo Dinheiro

O desperdício de dinheiro se resolve por conta própria,
isso porque logo não há mais dinheiro para desperdiçar.
– M. W. Harrison

Um dos melhores executivos que conhecemos compartilhou uma história sobre sua primeira tarefa no cargo. Ele havia cuidadosamente preparado uma apresentação para a gerência sênior descrevendo como TI poderia ser mais estratégica para a empresa. Ele argumentava que ela poderia criar eficiências e sinergias que seriam recompensadoras como novas vantagens competitivas para a empresa. Porém era preciso que a empresa reestruturasse seus antigos sistemas e processos, e que lhe desse um "lugar à mesa" em suas conversas estratégicas.

Após cinco minutos de apresentação, ele percebeu que a plateia estava fria e silenciosa. Percebendo que sua mensagem não estava chegando aos ouvidos da gerência, ele decidiu concluir rapidamente e esperar uma oportunidade melhor.

Logo depois, em uma conversa com um dos chefes da unidade de negócios que estava presente, ele perguntou por que a recepção havia sido tão fria. A resposta foi direta e memorável: "Se você não consegue administrar seu próprio negócio", disse o executivo, "por que eu deveria deixá-lo tocar o meu?"

De acordo com o executivo, esta foi a lição mais importante que ele aprendeu. Se TI não era visivelmente bem administrada – se os custos eram altos e os níveis de serviço baixos, como era o caso na época – ele nunca teria a credibilidade para influenciar o restante da organização. A melhoria no desempenho de TI mostraria que ele tinha a liderança e era credenciado como um gestor, o que é exigido de um líder de negócios.

O executivo levou essa lição a sério e decidiu melhorar o desempenho da unidade de TI em sua empresa. Ele carregou essa lição com ele quando passou para cargos subsequentes de executivo e executivo-plus em níveis mais altos de autoridade.

Mostre valor pelo dinheiro antes de tentar provar que TI é um investimento no desempenho futuro dos negócios.

Quando a organização de TI da empresa produz valor pelo dinheiro, a empresa está recebendo o serviço de TI com a qualidade que precisa a preços competitivos – e todos sabem disso. Na realidade, isso significa que a organização de TI desempenha essas funções essenciais bem o suficiente para ser a alternativa preferida a qualquer outro fornecedor externo competente.

Este é o ponto de partida necessário para reconhecer o valor com que TI contribui para a empresa. Se a empresa não sabe que TI está produzindo valor pelo dinheiro, nenhuma discussão adicional sobre valor será possível.

Se a porta estiver fechada, aqui está como abri-la:

Valor pelo dinheiro *significa que a organização de TI está proporcionando os serviços certos, no nível de qualidade certo, a um preço competitivo – e o restante da empresa sabe disso.*

Existem três etapas essenciais para produzir valor pelo dinheiro:

1. Medir e comunicar o desempenho de TI em termos que sejam significativos para o restante da empresa.
2. *Benchmark* com o desempenho de TI contra o de seus colegas.
3. Proporcionar dados que ajudarão o restante da empresa a administrar o consumo dos serviços de TI.

Discutiremos cada uma dessas etapas na sequência.

Medir e comunicar o desempenho de TI

Embora existam muitos valores na vida e nos negócios que não podem ser medidos, a verdade é: tudo o que não pode ser medido não pode ser aprimorado. Ao medir e comunicar seu desempenho em termos que sejam significativos para o restante da empresa – e fazer um *follow-up* para melhorar as áreas de desempenho que estão atrasadas –, TI mostra que ela é séria quanto a fortalecer seu desempenho e produzir melhor valor pelo dinheiro todos os dias.

Por outro lado, se as métricas para provar valor pelo dinheiro não existirem, então provavelmente os executivos (compreensivelmente) acreditarão que TI não é capaz de produzir, quando então ela terá caído diretamente em uma armadilha do valor. A percepção de que TI não consegue produzir pode ou não ser exata, mas se ninguém consegue dizer com certeza, então essa percepção provavelmente é verdadeira.

Os bons jogadores conhecem o placar.

Qualquer executivo no mundo sabe que se você não sabe qual é o placar, você não é um bom jogador. Aqueles com melhor desempenho sempre sabem quais são seus números. Para ser reconhecido como aquele que tem o melhor desempenho, TI precisa conhecer o placar e comunicá-lo ao restante da empresa – assim como o chefe de vendas conhece e comunica os números de vendas para o trimestre mais recente.

"TI precisa de métricas operacionais internas. E essas métricas precisam ser baseadas em algo sólido. Sem isso, elas são um blefe, uma orientação errada."[1]

– Guido Sacchi, CEO, Moneta Corporation (ex-CIO, CompuCredit)

Não serve qualquer medida de desempenho.

Lembre-se de que produzir apenas tecnologia é uma armadilha do valor. As medidas do desempenho de TI precisam ser significantes para os executivos que sabem pouco ou nada sobre tecnologia (e que corretamente não precisam saber para poder entender o desempenho de TI). É fácil para os líderes de TI se esquecerem disso e reportarem o desempenho em termos de medidas centradas na máquina, no mínimo porque os números centrados na máquina estão prontamente disponíveis e são amplamente usados na área de TI.

Como um exemplo da comunicação que destrói a percepção sobre o valor de TI, considere as métricas na tabela 3-1, as quais foram tiradas do relatório mensal de um departamento de TI para a equipe executiva em uma empresa anônima.

Todas essas métricas, sem exceções, são sobre o desempenho da máquina. Como tal, elas nunca deveriam ter sido mostradas a qualquer outra pessoa, exceto para os técnicos responsáveis pela manutenção dos sistemas. Não há nada na tabela que ajudaria qualquer executivo de fora de TI a saber o impacto do desempenho de TI no restante da empresa. As métricas para a meta de disponibilidade, uma medida da qualidade do serviço, aparentemente não foram satisfatórias em duas das cinco categorias – em um dos casos, elas estavam fora em aproximadamente 10% – mas o que isso significa para qualquer pessoa de fora de TI? Quais funções de negócios foram afetadas quando a disponibilidade declinou, com quais resultados? Por esse motivo, quais eram as metas atuais em oposição à porcentagem de metas alcançadas? Nesses pontos, a tabela fica em branco. A implicação clara é que a organização de TI está preocupada apenas com o desempenho de suas máquinas e nem um pouco preocupada com o desempenho da empresa.

TABELA 3-1

Relatório mensal sobre o desempenho de um departamento de TI para a administração

Medida do desempenho *Confiabilidade do sistema*	**Porcentagem de disponibilidade programada**
Conectividade LAN	>=97,9%
UNIX	>=99%
Banco de dados Oracle	>=99%
Paging	>=91%
Switch telefônico	>=99%

As métricas corretas são sobre a qualidade e o preço dos serviços visíveis.

As medidas usadas para mostrar valor pelo dinheiro devem comunicar que TI está proporcionando os serviços certos, no nível certo de qualidade, pelo preço certo.

- *Os serviços certos* são fundamentais para o desempenho dos negócios e, de alguma forma, visíveis para os usuários. Os serviços certos podem ser tão simples quanto e-mails ou tão complexos quanto um *upgrade* na infraestrutura.
- *O nível certo de qualidade* significa que a empresa recebe a qualidade de serviço que ela precisa. Ela não paga mais do que o necessário e não recebe qualidade mais baixa do que necessário quando isso tem um impacto inaceitável no desempenho comercial.
- *O preço certo* significa que os serviços de TI são competitivamente *precificados por unidade* (precificado por unidade de serviço entregue).

Por último, pelo fato de quase todas as pessoas na empresa usarem TI, as métricas de TI ajudam a todos a usarem-na melhor. As medidas não são significativas a menos que elas possam influenciar o comportamento, o qual, por sua vez, influencia o custo total de TI. Este é um ponto fundamental, o qual voltaremos a discutir mais adiante neste capítulo.

As melhores métricas para a comunicação com o restante da empresa sobre o desempenho de TI no valor retornado pelo dinheiro satisfazem todos esses critérios. Por exemplo, a tabela 3-2 mostra métricas compartilhadas por Sam Coursen, executivo da Freescale Semiconductor, e apresentadas em uma conferência do setor em outubro de 2007.

Esses serviços não são necessariamente aqueles que todas as organizações de TI deveriam escolher para reportar. Algumas dessas métricas poderiam ser aprimoradas (como a substituição de horas de paralisação, que podem ser facilmente convertidas em impacto nos negócios, por porcentagem de disponibilidade). Mas eles têm algumas características que os tornam bons candidatos para a maioria das organizações.

- Eles são visíveis para o restante da empresa, seja diretamente (porque são usados pelo pessoal das unidades de negócios) ou indiretamente (porque os funcionários dependem do serviço para capacitar as coisas que eles tocam – por exemplo, desenvolvimento de aplicativos). Em outras palavras, esses serviços são importantes para o restante da empresa.
- Os custos são medidos como custos por unidade em vez de orçamentos em geral ou níveis de custos.
- A qualidade é medida de maneira que seja significativa e material para a empresa.
- As métricas transparentemente mostram os custos por unidade e o consumo.
- Os serviços são componentes significantes do custo geral de TI na Freescale.
- Eles podem ser comparados a *benchmarks* externos, os quais a Freescale obtêm de três empresas: Compass, Hackett e Gartner, Inc.

Observe que os serviços listados no quadro da Freescale geralmente não estão diretamente ligados à receita. (A exceção óbvia são os aplicativos de negócios.) Não é possível determinar quais receitas resultam diretamente de bons e-mails ou serviços de voz na rede. Estes são exemplos do que normalmente são chamados de serviços de administração da empresa, básicos ou de sustentação – serviços essenciais para o funcionamento da empresa ou para redução do risco não estão diretamente ligados ao fluxo de receitas. Os exemplos de serviços de administração da empresa em funções não-TI incluem recursos humanos ou auditoria e assuntos regulatórios; outros exemplos de TI incluem segurança da informação e ferramentas de gerenciamento de *patches*.

TABELA 3-2

Métricas de TI da Freescale Semiconductor

Serviços de TI	Métricas de custo	Métricas dos níveis de serviço
PCs	• Custo por PC • Proporção desktop/laptop	• Tempo para instalar • Tempo para resolver problemas
E-mail	• Caixas postais • Custo por caixa postal	• Disponibilidade • Tempo de entrega da mensagem
Helpdesk	• Contatos/Usuários • Custo por contato	• Tempo para resolver problemas • Satisfação do usuário
Serviços de infraestrutura • Rede de voz • Rede de dados • Servidores • Comunicações telefônicas	• Custo total = Custo por unidade x volume	• Disponibilidade • Desempenho
Aplicativos de negócios	• Ponto de custo/função • Custo por área de negócios	Projetos • Entrega no horário programado • Entrega de acordo com o orçamento • Defeitos na produção Suporte • Tempo para resolver problemas

Fonte: Sam Coursen, Freescale Semiconductor, "Building World-Class IT at Freescale", apresentação no setor. Outubro de 2007. (Usado com permissão).

Para os serviços de administração da empresa, a medida de valor é sempre baseada na conquista do melhor equilíbrio possível entre preço (geralmente preço por unidade) e desempenho (incluindo qualidade). Essas métricas são representadas no quadro da Freescale na tabela 3-2 pelas colunas intituladas "Métricas de custo" e "Métricas dos níveis de serviço". A meta, em termos de valor pelo dinheiro, não é necessariamente ter o melhor desempenho do mundo ou o custo mais baixo do mundo, mas sim ter o *mix* correto de custo e qualidade para a empresa. O nível de serviço e o custo resultante podem variar por unidade de negócios, pelo serviço de TI ou por processo de negócios. Mas todos deveriam concordar que a unidade de TI está proporcionando o *mix* correto para cada parte dos negócios que ela serve. (Um teste simples é ver se todos concordariam com uma resposta para a seguinte pergunta: "Para este serviço de TI, vale a pena investir x dólares para melhorar o desempenho em y%?")

A JM Family Enterprises é uma empresa automotiva privada e diversificada de $10,1 bilhões (2008). Seu negócio principal foca na distribuição de veículos e processamento, serviços financeiros, produtos financeiros, seguros, vendas no varejo, marketing, consultoria, produtos e serviços tecnológicos comerciais. A empresa foi citada como uma das grandes empresas para se trabalhar pelas revistas *Fortune* e *Computer World.*

Em 2005, o vice-presidente de operações tecnológicas da empresa, Tom Holmes, desenvolveu um painel eletrônico que conecta o desempenho tecnológico de TI ao desempenho dos processos de negócios. Ele mostra, em tempo real, como os níveis de serviço na rede e servidores são traduzidos para a velocidade da transação e desempenho dos processos de negócios, e em seguida ao desempenho de cada unidade de negócios e à empresa como um todo. A qualquer hora, os executivos de TI ou de negócios podem olhar o painel na parede e entender se suas partes dos negócios estão operando 100%. Quando a rede diminui a velocidade, ou quando um servidor tem problemas, todos conseguem ver qual parte dos negócios é afetada e quanto.

De acordo com Holmes, "Em vez de dizer que o *mainframe* está em alta, os servidores Sun estão em alta, ambos roteadores estão em alta, e assim por diante, ele diz que as vendas por contrato estão em alta. Este sistema está realmente mudando toda a mentalidade do departamento de TI". Este ponto é importante. As métricas que TI escolhe reportar enviam mensagens para o pessoal de TI assim como para toda a empresa. De acordo com Rajeev Ravindran, CTO da JM Family[2], "À medida que aumenta a complexidade tecnológica e dos negócios, o painel eletrônico cria uma linguagem comum por toda TI e por toda a empresa".

O painel fica visível em um telão do lado de fora dos escritórios executivos da empresa, como também é destacadamente mostrado dentro do escritório do executivo. Toda vez que um executivo desce do elevador, ele vê o desempenho dos mostradores. Pelo fato de os números geralmente parecerem bons, eles reforçam as percepções dos executivos de que a unidade de TI está fazendo um bom trabalho em energizar suas operações comerciais.

Um painel eletrônico do lado de fora dos escritórios executivos certamente não é um canal obrigatório para comunicar o valor de TI. Algumas culturas poderão achá-lo ostensivo, até mesmo ofensivo. Mas neste caso, ele comunica visivelmente o que está em jogo, exatamente o que um placar eletrônico deve fazer. TI agora é vista como um colega com métricas comparáveis e metas de negócios.

Por que o custo por unidade de serviço é importante.

Alguns executivos reportam valor apenas em um nível agregado – como o custo de TI como uma porcentagem da receita – em vez de números detalhados que descrevem os custos em termos de "por unidade de serviço", como o custo de suporte a um *desktop*. Esta prática é um erro, porque os números são agregados a um nível muito alto para guiar a ação. Os gastos com TI como uma porcentagem da receita é um número extremamente abrangente que incorpora muitas complexidades em tipos e volumes de serviços produzidos, assim como a maneira com que a empresa usa TI nos negócios. Isso não diz quase nada sobre os fatores fundamentais que influenciam a mudança; portanto, ele é inútil para entender as mudanças nos gastos com TI de ano em ano, até mesmo dentro da mesma empresa.

O custo por unidade de serviço é uma métrica muito melhor. Ele proporciona informações que todos podem usar para avaliar e aprimorar o valor pelo dinheiro de TI. Ele é prontamente comparável entre as empresas, e mesmo entre os departamentos da mesma empresa. No mínimo, ele permite comparações significativas de ano para ano dentro da mesma empresa.

Tais medidas também ajudam TI a argumentar que o desempenho do valor pelo dinheiro de TI está melhorando. Como diz o executivo da Celanese, Karl Wachs, "Meu gráfico favorito é aquele que mostra os custos decrescendo e os níveis de serviço aumentando".[3] Em uma empresa com crescimento rápido, este gráfico ajuda a mostrar por que os orçamentos de TI, embora estejam aumentando, são, todavia, dinheiro bem gasto.

A figura 3-1 mostra como se parece o orçamento de TI, em franco crescimento, na State Street Corporation quando apresentado em custos por unidade por transação de negócios, em vez de simplesmente números de gastos. A State Street proporciona serviços de investimentos, gestão de investimentos, negociações e pesquisa para corporações, fundos mútuos, fundos de pensão, manutenção e gestão de ativos de pensão, e câmbio estrangeiro. TI é fundamental para os negócios da State Street, e o orçamento de TI da empresa reflete essa importância.

Como mostra a figura, os gastos com TI aumentaram em aproximadamente 50% de 1997 a 2000. Mas durante o mesmo período, o número de portfólios mantidos aumentou na mesma taxa aproximadamente, e o número de cálculos do valor líquido dos ativos (VLA) quase triplicou. Embora os gastos com TI da State Street aumentassem rapidamente, o volume de transações da empresa também aumentava.

A representação dos coeficientes de custo por unidade dos gastos com TI contra o VLA, o portfólio ou as posições, mostra uma história diferente daquela revelada pela linha ascendente de gastos com TI. Os gastos com TI por portfólio ou posição permaneceram quase constantes durante esse período de tempo. E os gastos com TI por VLA diminuíram significantemente durante o período. Este é o poder da análise de custo por unidade em vez de simples números orçamentários. Ele é responsável pelo crescimento nos negócios e mostra onde TI gera economias de escalas. Os custos por unidade também são comparáveis entre as divisões e as empresas, proporcionando mais informações para avaliar o desempenho.

FIGURA 3-1

Métricas de gastos com TI em uma empresa em franco crescimento

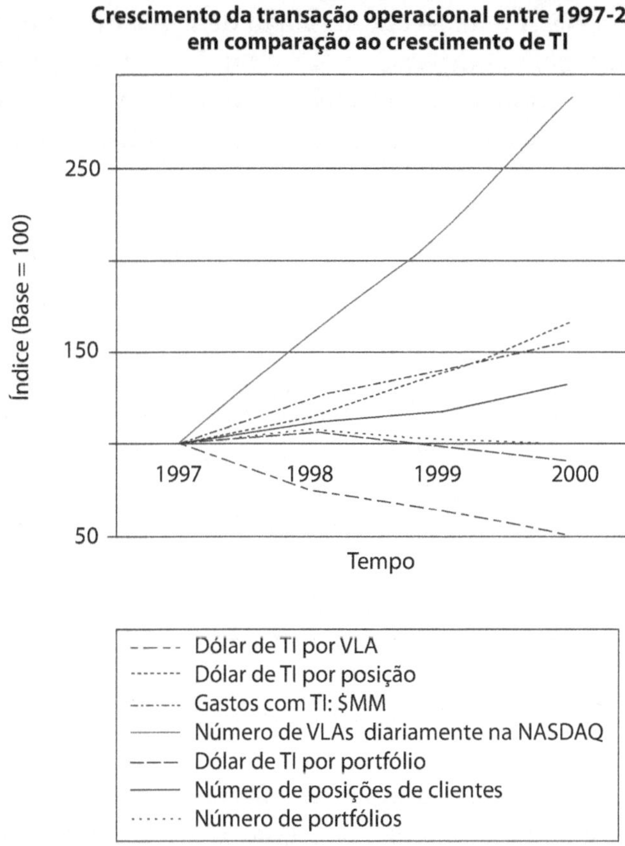

Fonte Peter Weill e Richard Woodham, "State StreetCorporation: Evolving IT Governance." Documento de trabalho nº 327 do MIT CISR, agosto de 2002.

Como é do conhecimento de todos os executivos, para os serviços de TI baseados na tecnologia, as tendências tecnológicas por toda a indústria tendem a reduzir os custos por unidade com o passar do tempo. O aumento no volume de uso também reduz os custos por unidade da maioria dos investimentos fixos em tecnologia. Em outras palavras, as tendências dentro e fora da empresa geralmente funcionam a favor dos custos por unidade da organização de TI. O executivo escolhe quando e como discutir se esses custos estão decaindo suficientemente rápido para a empresa – se a empresa precisa ou não reduzir alguns custos específicos em um ritmo mais acelerado do que o da indústria. Por exemplo, a infraestrutura do Google em 2007 incluía um espaço de memória endereçável um bilhão de vezes maior do que o espaço endereçado pelo computador "Big Blue" da IBM em 1998. Durante esse mesmo período, a lei de Moore produziu sozinha um aumento da ordem de 64. Claramente, o progresso no ritmo dos outros não era suficiente para o Google.

Use métricas como um gerente, não como um engenheiro, para fazer uma reviravolta em TI.

Em métricas, assim como em muitas outras coisas, a perfeição é inimiga do ótimo. Os executivos administram seus negócios mediante o uso de uma legião de métricas imprecisas, porém úteis. TI opera da mesma maneira, mas seus profissionais, como um grupo, são mais como engenheiros, e engenheiros pensam diferentemente dos gerentes. Os engenheiros querem perfeição. Os gerentes querem algo que funcione. Os engenheiros querem que tudo corra bem no lançamento. Os gerentes querem que as coisas sejam melhores hoje do que foram ontem, todos os dias. Eles sabem que a perfeição não é possível, mas as pequenas melhorias acabam, com o tempo, tornando-se melhorias significativas. Nesta questão, assim como em muitas outras, os executivos precisam pensar como gerentes e não como engenheiros.

Kevin Vasconi é o executivo da R. L. Polk & Co., baseada em Michigan, uma empresa privada com operações globais que fornece informações de mercado para a indústria automotiva. Dada a natureza dos negócios da Polk, TI é fundamental para seu sucesso e crescimento. Mas isto não significa que TI sempre foi vista com bons olhos na empresa. "Quando eu cheguei em 2002", disse Vasconi, "TI tinha um problema de execução. Mas, nas primeiras duas semanas, descobri que a equipe executiva esperava mais de mim do que simplesmente administrar os custos. TI precisava contribuir significantemente para os negócios. Eu precisava consertar o TI e nos levar a um valor mais alto, aumentar a receita por meio da tecnologia".[4]

Um contribuinte chave para "consertar" TI foi um programa extenso de métricas. "Tínhamos de identificar nossos problemas objetivamente", Vasconi disse. "Inicialmente, havia suspeitas. Então a alta gerência começou a ver melhorias nos dados. Eles são hoje uma das ferramentas mais sólidas que tenho. Sempre começamos as discussões com os dados."

A equipe de Vasconi usa as seguintes medidas de TI para demonstrar progresso no desempenho:

- *Tempo de atividade*, equivalente às vendas e à disponibilidade do canal de serviços em uma empresa onde o pedido é entregue aos clientes eletronicamente.
- *Desempenho do aplicativo*, o tempo necessário para um aplicativo responder a uma solicitação de um usuário, outra medida altamente visível para os usuários internos e para os clientes externos.
- *Entrega do projeto em tempo*, uma métrica fundamental para a disponibilidade do produto em uma empresa cujos produtos são baseados em informações.
- Entrega do projeto dentro do orçamento.
- Desenvolvimento de aplicativos "certos na primeira tentativa".
- *Oportunidades para economias de custo*, uma métrica importante em uma empresa onde TI é uma parte significante de todos os custos, e uma medida útil para muitos investimentos em infraestrutura.
- *Qualidade do software*, baseada em defeitos por milhares de linhas de códigos, uma medida importante de qualidade do produto em uma empresa voltada para softwares.

Observe a similaridade de muitas dessas métricas com o modelo de Coursen e a visibilidade do desempenho para a empresa em todos os casos. "Essas métricas são as apostas na mesa", diz Vasconi. "Se você não consegue fazê-las bem, não poderá avançar para o próximo estágio. Você não pode ter uma conversa sobre custos até que tenha conversado sobre as operações, uma vez que o custo é irrelevante até que você tenha resolvido os problemas operacionais."

A história de Vasconi, quase palavra por palavra, é ecoada por Randy Spratt da McKesson: "Inicialmente, tivemos de avaliar as operações de TI e construir os relacionamentos de que precisávamos para, como uma empresa, operarmos com sucesso. Muitos desses relacionamentos foram com nossa base de clientes internos – os negócios da McKesson. Em seguida, precisamos trabalhar para consertar os problemas, que eram sobre custo, qualidade, valor, transparência. Depois tivemos de mostrar nosso plano para consertar os problemas e, em seguida, executá-lo. Assim como qualquer empresa, tivemos um período de lua de mel curto, onde você mostra às pessoas que irá reduzir seus problemas, e então é preciso cumprir".[5]

Comparando o desempenho de TI com o desempenho do grupo

Todo executivo e investidor no mundo aceita, sem fazer perguntas, a ideia de que o desempenho de uma empresa é significativo apenas quando medido com relaçao a seus concorrentes. Em outras palavras, os executivos rotineiramente esperam que seu desempenho seja medido com relação ao de seus colegas externos. A equipe executiva suspeitaria se argumentássemos que esta medida deveria ser diferente para os executivos de negócios que dirigem TI.

> "Tudo que você faz em uma empresa envolve a comparação de sua capacidade com relação a de seus concorrentes."[6]
>
> **– Randy Spratt, executivo, McKesson**

Nossa pesquisa nos convenceu de que, na maioria dos casos, nem o executivo nem o restante da equipe executiva sabe com certeza se TI proporciona um preço por unidade competitivo para qualquer nível de qualidade sem comparar o desempenho da equipe de TI com o de empresas do grupo. Na ausência de comparações diretas, ninguém pode dizer definitivamente se o desempenho de TI, tanto em qualidade quanto em custo, é fraco ou de primeira classe, ou qualquer coisa entre os dois. E temos certeza de que, nesta situação, a maioria dos executivos simplesmente presume que seu TI não é de primeira classe, mesmo que achem que ele seja "suficientemente bom". Quase todos os executivos altamente eficazes que entrevistamos para esta pesquisa fazem a comparação dos custos e qualidade do serviço de TI entre as empresas concorrentes a cada 12 a 24 meses. (Uma comparação mais frequente do que este período deixa pouco tempo para implementar as melhorias e medir os efeitos.)

Existem exceções importantes a esta regra. Primeira, se o executivo e a equipe executiva estão convictos de que os custos por unidade e a qualidade são competitivos – em outras palavras, que o valor pelo dinheiro foi alcançado – então a comparação desses fatores pode não ser o melhor uso do tempo e atenção da organização de TI. O mesmo acontece em muitas empresas com rápido crescimento, onde a gerência se preocupa muito menos com os custos por unidade do que em investir todos os recursos para satisfazer a demanda.

Mas mesmo as empresas em rápido crescimento precisam, em algum momento, ficar de olho nos resultados. O executivo da A_Soft_Co (não é o nome real da empresa), uma empresa de software com vendas de aproximadamente $300 milhões em 2007, descobriu que a comparação era essencial para administrar a percepção executiva sobre os custos de TI. "Sofríamos... da síndrome da 'empresa pequena'", diz o executivo. "Nós realmente não tínhamos uma abordagem definida para o crescimento. Inicialmente, não me pediram para fazer comparações. Pediram-me para ajudar a empresa a crescer. Mas logo percebemos que precisávamos ser capazes de mostrar que estávamos gastando da maneira correta." A unidade de TI da empresa gastou mais do que o dobro do que foi gasto entre 2005 e 2008. "À medida que comecei a aumentar o orçamento, eu precisava mostrar que isso era o que as empresas geralmente gastavam com TI." A segunda exceção envolve a disponibilidade de grupos semelhantes para a comparação. Se é difícil para a organização de TI encontrar grupos semelhantes para comparação, o valor da comparação é diminuído. Encontramos organizações cujas operações são singulares, como a organização de associados, cuja equipe de TI era responsável pelo suporte de dezenas de milhares de voluntários que operavam computadores selecionados e configurados pessoalmente no campo. Os custos de *helpdesk* para essa organização eram altos em comparação à maioria, porém um exercício de comparação extenso não mostrou muito mais do que aquilo que já era sabido sobre a situação. Nesse caso, é mais produtivo para a organização de TI comparar seu próprio desempenho ano após ano, dentro da organização e entre as unidades organizacionais de TI. Essa prática não demonstra que TI tem um custo eficaz em comparação aos grupos semelhantes e concorrentes, mas ela oferece uma oportunidade para medir (visivelmente) as melhorias no desempenho.

Os executivos devem ser cuidadosos ao presumir muito rapidamente que sua operações não têm grupos semelhantes. Todas as empresas são diferentes, e os executivos que fazem comparações extensas frequentemente serão os primeiros a reconhecer que a comparação não é perfeita. No entanto, os mesmos executivos dirão que eles são capazes de se beneficiar muito mais com suas comparações, mesmo com suas imperfeições, do que sem as comparações externas para tomar as decisões. Eles se esforçam para achar referências de serviços de TI que são mais comparáveis entre as organizações e a usar custos unitários e medidas-padrão de desempenho e satisfação. E eles são cuidadosos ao analisar quaisquer diferenças entre suas empresas e as comparações para entender se elas refletem as diferenças no desempenho ou simplesmente diferenças nas empresas.

A terceira exceção é que a comparação não é necessariamente o melhor uso dos recursos de TI quando áreas específicas de desempenho estão obviamente precisando de melhorias. Mais especificamente, se o executivo achar que seus processos de TI são muito imaturos ou instáveis, que é difícil até mesmo reunir dados sobre o desempenho do processo, então a melhor abordagem é tomar medidas imediatas para melhorar esses processos. (Em outras palavras, se o processo é quase impossível de medir, você não precisa de uma comparação para lhe dizer que este precisa ser melhorado.) A comparação pode ser seguida quando os processos estiverem suficientemente estabilizados para viabilizar o agrupamento de dados.

> "Se os processos são como uma caixa preta, é difícil fazer uma comparação – muito trabalho, pouco resultado. Se você acabou de entrar na empresa, ajuste os processos que lhe permitirão coletar os dados."[7]
>
> **– Daniel Janeba, executivo, Zentiva**

A figura 3-2 retrata um processo para tomar a decisão sobre fazer ou não uma comparação.

FIGURA 3-2

Um processo de decisão sobre a comparação

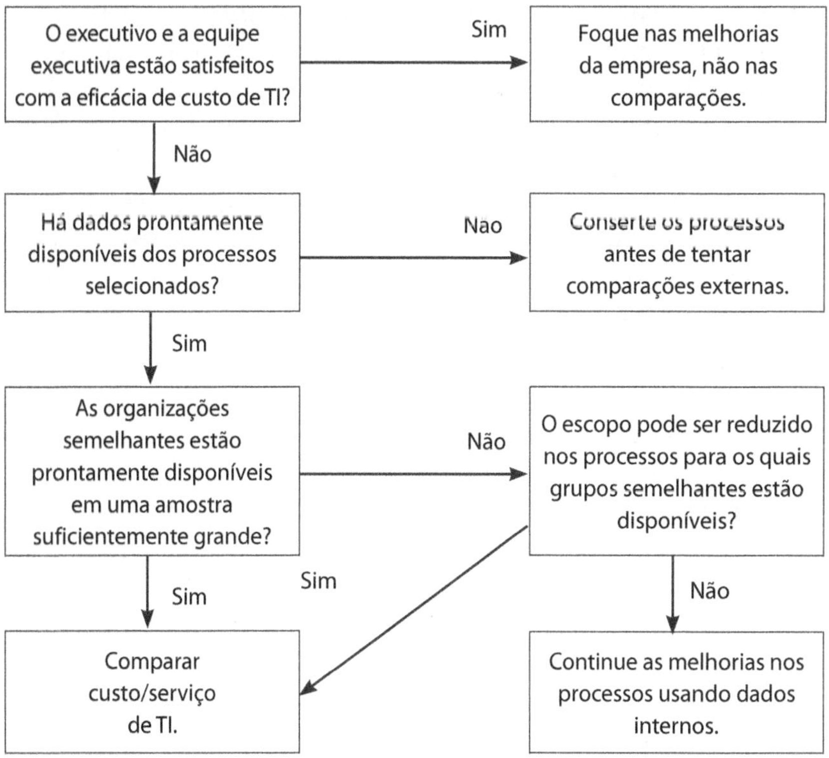

Além dessas exceções, oferecemos uma advertência adicional, a comparação não responde certas perguntas que são importantes para todos os envolvidos em uma empresa, tais como: "Qual é o nível correto de gastos com TI para minha empresa e em quais áreas?" e "Qual é o valor gerado por TI para a minha empresa?". As comparações descrevem custos e qualidade; agora se os níveis relativos de custos e qualidade são apropriados, é outra questão. Por exemplo, um executivo que conhecemos estava preocupado porque 75% de seu orçamento era consumido por infraestrutura e operações. Acabou sendo que sua proposta de valor para a empresa de $1 bilhão exigia um serviço totalmente confiável, 24 horas por dia, em vários locais ao redor do mundo, o qual, por sua vez, exigia muita infraestrutura em vários locais para garantir o tempo de atividade global. A infraestrutura e as operações da empresa eram bem administradas em termos de custos e qualidade. Dados esses fatos, a única opção realística para reduzir significantemente a porcentagem do orçamento dedicado à infraestrutura era aumentar o tamanho geral do orçamento. Nada disso foi mostrado pela comparação – tudo que aparecia ali era a discrepância entre seus gastos com infraestrutura e os gastos de empresas com tamanhos similares. Neste sentido, é bom ter em mente, como nos disse um executivo, que a comparação "é uma ferramenta de medida, não uma ferramenta de marketing", e as medidas devem sempre ser colocadas no contexto.

Deixando de lado as exceções e advertências, para a maioria das organizações de TI, a comparação é uma ferramenta útil para estabelecer o valor pelo dinheiro. Randy Spratt, executivo da McKesson, descreve como a comparação com os similares na indústria influenciou a reviravolta de TI na empresa:

> O trabalho [que fizemos em 2006] comparava nossos custos e qualidade de serviço com as práticas da indústria e os custos prováveis para terceirizar essas funções. Pegamos os resultados desta série de comparações e os priorizamos em áreas em que tínhamos as maiores lacunas para, em seguida, avaliarmos a estratégia que deveríamos adotar para fechar essas lacunas. Trouxemos uma série de iniciativas e investimentos para nosso quadro de governança recém-formado, para lhes mostrar como lidaríamos com as lacunas e traríamos o desempenho de TI para níveis de primeira classe em qualidade e custos. Usamos, com muito sucesso, um *mix* cirúrgi-

> co de estratégias – um pouco de terceirização, um pouco de *smart-sourcing* e um pouco de melhorias internas.
>
> Tratamos muitas dessas questões ao redor de custos de aquisição fragmentados, estrutura de custos ao redor da administração do servidor e o gerenciamento de um ambiente de segurança fragmentado. Somente agora estamos recebendo aprovação para a consolidação de um centro de dados em larga escala que significantemente reduzirá os custos do centro de dados. Assim, mostramos que podemos administrar TI de modo eficaz.[8]

Os comentários de Spratt prenunciam a evolução natural de TI como uma fonte de valor pelo dinheiro para TI, bem como um investimento no desempenho futuro dos negócios – assunto tratado no próximo capítulo. Spratt conclui dizendo: "Também nos inserimos no planejamento comercial, no nível estratégico e no nível operacional. Estabelecemos um relacionamento de confiança com TI, e a empresa está cada vez mais disposta a procurar TI para ajudá-la a resolver os problemas técnicos por trás de suas estratégias. Estamos nos tornando basicamente consultores em TI para a empresa, elevando a cadeia de valor".

A comparação foi o principal fator da reviravolta no TI da Intel.

Muitos executivos admitem, com certo despeito, que a unidade de TI da Intel é mais respeitada pelos executivos do que suas próprias unidades. Afinal de contas, os produtos da Intel propulsionam grande parte da infraestrutura de TI do mundo; como sua equipe de TI poderia não ser celebrada e reverenciada na empresa? Mas a cultura da Intel é dominada pelas suas unidades de engenharia e vendas, e nessas empresas as funções internas como TI, finanças e RH geralmente têm o papel de suporte para clientes internos altamente informados e exigentes. Tais clientes dirigem suas próprias operações pelos números, e eles não são nem um pouco pacientes com aqueles que não conseguem. Como mencionado no capítulo 1, a unidade de TI da Intel, a qual tinha visibilidade limitada em seu próprio desempenho no final dos anos 90, era o alvo infeliz de piadas internas sobre sua qualidade, custos altos e capacidades limitada de produção.

O executivo Doug Busch assumiu a responsabilidade de transformar a percepção do desempenho de TI. Busch e sua equipe começaram a transformação ao identificar um conjunto de serviços centrais de TI e comparar o desempenho de outras empresas do setor. A figura 3-3 mostra o exemplo de um dos principais quadros que Busch usou para demonstrar o desempenho de TI e melhorar o modo como ele se relacionava com seus colegas executivos. Esse quadro mostra uma classificação simples do desempenho de TI em onze áreas principais nos eixos de qualidade e custos por unidade em comparação à qualidade e custos por unidade de um consórcio de organizações semelhantes.[9]

Qualquer um ficaria feliz em mostrar essa figura para o CEO; ela demonstra que em todos os serviços medidos, os custos por unidade e a qualidade da unidade de TI da Intel estão entre os melhores nos grupos semelhantes. Observe também que o quadro descreve o desempenho dos serviços considerados pela organização os serviços mais importantes proporcionados por TI. Em quase todos os casos, essas métricas estão relacionados aos serviços que afetam os usuários diretamente. Outra métrica de valor pelo dinheiro reportada separadamente por TI inclui a entrega contra alvos internos e promessas externas em áreas como: metas de custo, qualidade do serviço, entrega do projeto e satisfação do cliente. Essas são medidas dos serviços que os usuários experimentam diretamente.

Quando a Intel publicou esse relatório pela primeira vez em 1999, a maioria dos serviços foi classificada como ruim em uma ou mais dimensões. Mas este gráfico e os outros nessa série mudaram a natureza das conversas. Cada iteração dos relatórios melhorava a credibilidade de Busch e sua equipe administrativa aos olhos de seus colegas e superiores. Dados efetivos sobre o desempenho e os custos possibilitaram discussões racionais, baseadas em fatos, sobre para onde direcionar os investimentos e esforços – uma abordagem muito mais focada e produtiva do que as conversas (e argumentos) anteriores, baseados em impressões e suposições, nas quais as prioridades e necessidades estão sempre em disputa. (Se você não conhece o placar, não poderá ser um bom jogador.)

Essas medidas foram fundamentais para ajudar Busch e sua equipe a tomar decisões melhores enquanto transformavam a organização. Ao consolidar a infraestrutura, aprimorar as medidas, criar mecanismos de governança transparentes e continuamente melhorar os processos centrais, a unidade de TI alterou a realidade e a percepção da sua produção de serviços. O custo total de propriedade para os PCs foi reduzido em mais de 50%. Os custos por unidade e qualidade de serviço de infraestrutura melhoraram significativamente em comparação às referências externas. A satisfação dos clientes aumentou, tendo mais de 80% de clientes internos classificando a unidade de TI como um parceiro estratégico de negócios (em oposição a um perito tecnológico/provedor ou fornecedor) por volta de 2003. Essas melhorias foram conseguidas enquanto o orçamento geral de TI foi reduzido tanto em termos absolutos como em porcentagem da receita.

FIGURA 3-3

Matriz de custo por unidade/qualidade da Intel

Comparações de TI em 2003: Como nossos produtos e serviços se comparam

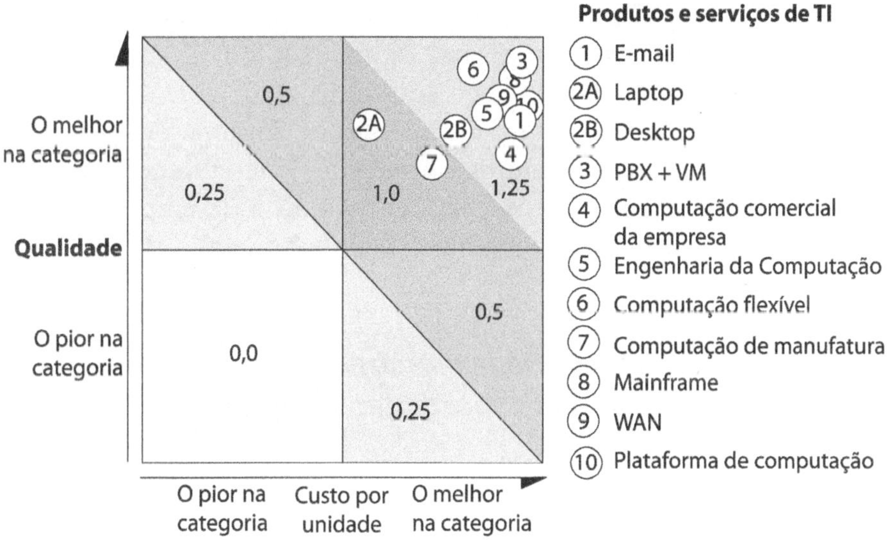

A unidade de TI da Intel conduz comparações detalhadas com um consórcio de organizações semelhantes de TI. Comparamos custo e qualidade para nossos produtos e serviços de maior impacto. Em 2003, os resultados da comparação mostraram melhorias contínuas em termos absolutos e resultados sólidos em relação à qualidade e custos para cada produto ou serviço.

Fonte: Relatório Anual Sobre o Desempenho da Intel, www.intel.com. (Usado com permissão).

Nesse momento, os executivos de TI e de negócios conseguiram focar no "peixe" maior. O desempenho foi visivelmente melhorado e continuava melhorando, e os executivos confiavam em Busch para tomar boas decisões sobre como continuamente melhorá-lo. O tempo da equipe executiva dedicado a TI foi mais bem gasto em como usar TI para obter vantagens competitivas. Embora a empresa continuamente tente manter o gasto com TI o mais baixo possível, ela também está descobrindo mais maneiras de usar TI para melhorar as operações de negócios.

O epílogo para essa história é que o processo de melhorias baseado em métricas também foi bom para a equipe de TI e seus líderes. Busch deixou TI para tornar-se líder tecnológico em uma das novas unidades de negócios da Intel. A equipe de TI se desenvolveu com a credibilidade que ela havia adquirido ao melhorar a entrega da infraestrutura e começou a aprimorar a maneira como ela media o valor do projeto e a priorização destes. E a partir daí, ela assumiu um desafio maior – colaborar para a inovação não apenas da unidade de TI, mas também da empresa como um todo. Cinco anos atrás, a ideia de assumir esse papel – um papel crítico em uma empresa que domina seus mercados através da inovação em produtos e operações – seria impensável. Resumindo, ao focar em métricas mesmo quando o desempenho de TI era ruim, a Intel conseguiu melhorar seu desempenho de TI. Todos saíram ganhando.

Comece a fazer a comparação de onde você está,
não de onde você gostaria de estar.

A comparação começa com a análise interna. Sam Coursen, da Freescale, descreve o processo de sua empresa:

> Fizemos uma divisão dos serviços que fornecíamos, e os custos para esses serviços. Em seguida, fizemos uma comparação externa para nos ajudar a descobrir onde estávamos fora da marcação.
>
> Conseguir identificar onde estávamos em comparação às referências, ajudou a demonstrar a proposta de valor e

a mostrar onde poderíamos melhorar. Nos meus primeiros dois anos aqui, reduzi o orçamento de TI em 10%. Agora estamos trabalhando em um grande projeto da cadeia de suprimentos com SAP, o qual está novamente impulsionando o orçamento. Eu digo ao CFO e ao CEO que já pagamos por ele.

Para fazer a comparação, usamos dois provedores de serviços diferentes: um serviço externo usado anteriormente e outro grupo com um modelo bastante rigoroso de custos de TI. Um dos problemas com os custos de TI é que as pessoas cotam quais são seus custos, mas você nunca sabe quais custos estão incluídos. Por exemplo, os telefones celulares estão incluídos? A vantagem de um modelo de custos preciso é que você sabe que todos no grupo incluíram os mesmos elementos de custo. Assim sendo, usamos este modelo para comparar os gastos em geral e recebemos um relatório dizendo como comparar com outras empresas do nosso tamanho e atividade.

Com nosso outro provedor de referência, passamos por uma revisão de serviço em serviço, com divisões de custos bastante detalhadas nas categorias de unidades. Por exemplo, quanto custa resolver um *helpdesk ticket*, e quantos deles estou resolvendo? Algumas vezes, seu custo por unidade está fora da referência; algumas vezes são suas quantidades que estão fora. O *helpdesk* é um bom exemplo. Se você tiver uma infraestrutura boa, você poderá receber menos de uma chamada de ajuda para o *helpdesk* por usuário, por mês. Se você tiver uma infraestrutura complexa, poderá receber duas vezes isso.[10]

Onde você tiver que começar a medir, comece.

O chefe de uma clínica de cardiologia que conhecemos tentou incentivar seus médicos a manterem o colesterol de seus pacientes sob controle. Ele queria fazer com que o controle do colesterol fosse parte da revisão anual do desempenho de cada médico.

Ele encontrou muita resistência. Cada um dos médicos achava que seus pacientes eram mais difíceis de administrar do que os pacientes dos outros. Alguns argumentaram que a contagem do colesterol total era um número ruim para se usar.

O CEO tentou outra abordagem. Ele pediu aos seus administradores que fizessem uma mudança simples nos prontuários médicos que cada paciente recebia em cada consulta: escrever a contagem do colesterol total do paciente no topo do prontuário. Nada de incentivos, nem regras – apenas informações. A contagem do colesterol total é apenas um sinônimo de boa saúde, mas o número estava disponível e a maioria argumentaria que ele era, de certa maneira, relevante.

Depois de um ano, a clínica viu um grande aumento na porcentagem de pacientes cujo colesterol estava sob controle. Os médicos começaram a competir informalmente para ver qual consultório tinha um controle de colesterol melhor, e esta competição melhorou ainda mais os números.

Os médicos haviam usado muitos argumentos na tentativa de resistir a serem responsabilizados, mas no fim, o número, por mais imperfeito que fosse, tornou-se parte de suas condutas e parte da conversa. Cada paciente, e cada médico, era singular, mas os médicos descobriram uma maneira de concordar em um conjunto de métricas e usá-las para melhorar o desempenho. O número da contagem do colesterol total não foi a única métrica que os médicos usaram, mas todos eles a usaram. E como resultado, a saúde dos pacientes melhorou.

Existem algumas lições importantes nessa história:

- Não deixe que a busca pelo número perfeito o impeça de usar uma métrica útil, mesmo que imperfeita.
- A maioria das pessoas, quando recebe informações em um formato que elas podem usar, irá considerá-las e alterará suas decisões em função delas.
- Quando as comparações estão disponíveis, as pessoas se compararão a outras pessoas, e isso ajuda todos a melhorar.

O executivo da A_Soft_Co (a empresa mencionada anteriormente) estabeleceu oito áreas para comparações contínuas:

1. *Controles de custos.*
2. *Excelência operacional.* As métricas de amostra incluem o seguinte:

- Média do tempo de resolução por solicitação de serviço, dividida por tipo de problema e solicitação de serviço. "Um problema é algo diferente de uma solicitação de serviço – de alguém que quer que você faça algo para eles", diz o executivo.
- Número de paradas críticas – quantas foram planejadas e quantas não foram planejadas? "Rastreamos quantas horas os sistemas estão disponíveis para uso. Portanto, somos também penalizados pelas janelas de manutenção."

3. *Controles financeiros.* "Esses têm a ver com os desvios", diz o executivo. "Por exemplo, porcentagem do desvio de capital e gastos operacionais – qual a minha variância? Diz respeito a planejar para administrar, e administrar para planejar. Sou eu contra mim mesmo. Isso nos ajuda a pensar adiante e evitar surpresas para o resto da empresa. Eu tenho 3 CFOs na minha cola, logo, tenho a oportunidade de experimentar aquilo que eles passam. Gastos com TI como uma porcentagem da receita, IT OpEX (despesas operacionais) e gastos com TI por cadeira são as maneiras como estamos direcionando o modo como gastamos dinheiro."
4. *Capital humano.* As métricas de amostra incluem o seguinte:

- Contagem de pessoas de TI por departamento. "Quero ver esta contagem de pessoas encolher até o final do trimestre e quantas pessoas estão disponíveis para fazer certos trabalhos."
- Taxa de rotatividade.
- Tempo necessário para preencher uma requisição em aberto, por gerente.

5. *Satisfação do cliente.* As métricas de amostra incluem o seguinte:

- Classificação dos usuários sobre a experiência com o suporte: ajuda dos técnicos do *helpdesk*, exatidão da resolução de problemas, se o usuário foi informado sobre o progresso enquanto a resolução estava em andamento.
- Comentários desestruturados dos usuários. "O que descobrimos foi que é importante coletar comentários", diz o executivo. "Você descobre mais sobre o que precisa ser melhorado com os comentários do que com qualquer outra coisa."

6. *Impacto comercial e alinhamento.* As métricas de amostra incluem o seguinte:

- Porcentagem de pessoal de TI que trabalha em novos projetos de desenvolvimento: "ERP, automação de vendas, qualquer tipo de processo comercial que precisa ser trabalhado".
- Porcentagem de custos de TI por linha de negócios.
- Grau de participação de TI nos processos de planejamento dos negócios.
- Manutenção e intensificação como porcentagens do orçamento de desenvolvimento. "Descobrimos que estamos continuamente gastando mais dinheiro em operações, em comparação aos aplicativos."

7. *Desenvolvimento de aplicativos.* As métricas de amostra incluem o seguinte:

- Escopo do projeto, cronograma e custo. "Procuramos a porcentagem de entrega em tempo e variância dos recursos para os projetos com valores mais altos – não para todos os projetos", diz o executivo. "Se o projeto não tem consequência alguma para a empresa, não nos importamos com ele. Obter formatos melhores em um relatório não é importante; o importante é obter um faturamento mais preciso em tempo oportuno. Classificamos nossos projetos sobre o valor dos negócios usando vários critérios – receita de crescimento, melhoria dos processos, escalabilidade (para cima e para baixo), redução de custos – e os combinamos para nossa pontuação de valor total. Algumas pessoas nos recomendaram usar de 11 a 15 fatores, mas estes são os que importam."

- Tecnologia. "Com que frequência um novo projeto inclui uma nova tecnologia?"

8. *Planejamento da capacidade.* "Este é o mais entediante de todos", diz o executivo. Mas ele é claramente importante em uma empresa onde o orçamento de TI mais do que dobrou em três anos.

As abordagens da Freescale e da A_Soft_Co são detalhadas e abrangentes, mas a comparação não precisa ser perfeita ou cara. Algumas empresas têm o benefício de um grupo do setor sem fins lucrativos para ajudá-las na comparação. Outras, contudo, obtêm a comparação através de consultores que visam lucro. Os fornecedores de comparação externos cotam os preços a um mínimo de $30.000-$50.000 para comparar os custos de serviços e qualidade de TI entre suas amostras para comparação. Análises mais profundas custam mais caro, mas o comprador escolhe mais ou menos quanto. Observe que, de acordo com os comentários de Coursen, um dos principais agregadores de valor resultantes da comparação com consultores são os extensos banco de dados de métricas e empresas, algo que simplifica as decisões sobre quais dados agrupar e aumenta a utilidade destes.

Mas e se você não puder pagar nem mesmo os $50.000 para uma comparação externa? Comece fazendo a comparação com você mesmo, como fez a State Street Corporation (veja a figura 3-1, apresentada anteriormente). Quais são seus custos por unidade e níveis de serviço deste ano em comparação com os anos anteriores? Como os serviços e custos variam por unidade de negócios ou localidade dentro da sua empresa? Em muitos casos, sua unidade de TI já tem os números de antigos orçamentos, faturas e registros.

Peter Bennington, executivo para a cidade de Stirling, Austrália, usou sua experiência para elaborar um estudo de comparação e engajou outras cidades australianas na iniciativa.

Comecei o processo obtendo suporte do grupo de executivo local. O processo de engajamento de 20 agências governamentais locais para fazer com que todas participassem, levou aproximadamente um mês. Não demorou muito tempo para elaborar o formulário de coleta de dados – uma semana de trabalho – porque eu o havia feito anteriormente. Foram precisos 3 meses para reunir todos os dados, pois algumas pessoas estavam muito ocupadas para respondê-lo. Quando você faz uma análise, surgem mais perguntas do que respostas. Foram necessárias duas semanas para analisar todos os dados, e três semanas do meu tempo para escrever o relatório. Levou tempo para que as principais conclusões surgissem – apenas meia página, porém muitas ideias. Do começo ao fim, levei aproximadamente cinco a seis meses corridos. Eu era o único a fazer isso e, ao mesmo tempo, dirigia um grupo de unidades de negócios de TI.

Mas valeu a pena. Eu agora recebo cada vez menos refutações. Quando faço meu orçamento de ano para ano, posso falar sobre as comparações do setor e o que os conselhos de grupos semelhantes fazem. Se eu não fizesse isso, eles apenas veriam um número grande e diriam: "Por que estamos gastando tanto com TI?". Agora, posso apontar para os gastos de acordo com a receita, orçamentos operacionais de capital e assim por diante, o que me dá muita credibilidade. Ele me ajuda a justificar o pessoal adicional; nossos índices de pessoal são menores do que em organizações com tamanho similar. Não vou gastar menos nem mais. Também vemos outros parâmetros, como a implementação de ITIL (Biblioteca de Infraestrutura de TI). Apenas 30% das agências públicas pesquisadas têm uma metodologia para a gestão de projetos, portanto, estamos à frente delas.

Quando o CEO diz: "Tal conselho local está fazendo coisas muito interessantes. O que estamos fazendo?", eu posso dizer: "Eles estão fazendo isso porque eles têm mais pessoal naquela área do que nós". Eu agora tenho argumentos. Posso lidar com os rumores.[11]

O importante é começar, mesmo que números perfeitos não estejam disponíveis. A ausência de métricas perfeitas não impediu que Guido Sacchi, na CompuCredit, ou Kevin Vasconi, na R. L. Polk, comunicassem com sucesso o valor pelo dinheiro. E nem Tom Holmes, da JM Family, gastou milhões de dólares ou meses do tempo de seu pessoal coletando dados para seu sistema de painel eletrônico. Este foi tratado como uma iniciativa de pesquisa e desenvolvimento utilizando dólares de reinvestimentos. Ao perceber que seria quase impossível construir um painel eletrônico perfeito, ele decidiu construir algo rapidamente e em seguida ajustá-lo. Holmes reuniu algumas pessoas em uma sala de conferência para construir um protótipo e, em seguida, começou a demonstrá-lo a uma plateia selecionada. Inicialmente, a equipe de TI teve de adivinhar as ponderações que conectavam cada nível de tecnologia ao outro, e por último aos processos de negócios. Mas o fato de ter um ponto de partida ajudou a começar as conversas sobre essas conexões, e as conversas os ajudaram a refinar a precisão do sistema, com o passar do tempo. De acordo com Ravindran, agora TI e empresa se comunicam em termos de serviços de negócios, não jargões técnicos.

Em outras palavras, começar agora com as métricas disponíveis é o caminho não apenas para melhorar o desempenho, mas também para obter métricas melhores e melhorar o desempenho ainda mais.

Ajudar o restante da empresa a usar TI bem

A comparação ajuda toda a empresa a entender quão bom é o desempenho de TI, seja em comparação ao desempenho de grupos semelhantes externos ou ao seu próprio desempenho. E a importância da comparação é difícil de ser exagerada, uma vez que ela é sobre metas, transparência e credibilidade para TI, e sobre tempo e dinheiro para todas as outras pessoas. Porém, para definir o preço certo, é preciso mais do que calcular os custos por unidade, não importa quão bem os custos por unidade se comparam aos de grupos semelhantes. Como nos disse Sam Coursen: "Custo total é o produto do custo por unidade (a taxa) vezes o volume. O objetivo comercial dos custos é o lado do volume. Se você tem todos os dados, pode lidar com as questões de custos e volume."

Em outras palavras, para manter os custos de TI sob controle – entregar os serviços certos no preço certo –, TI precisa ajudar todas as pessoas na empresa a tomarem boas decisões sobre como elas utilizam TI. Isso é fundamental: as métricas usadas por TI para comunicar o valor pelo dinheiro precisam ajudar todos da empresa a se tornarem consumidores inteligentes de TI.

Isso não é o mesmo que tomar decisões inteligentes sobre os investimentos em TI. Trata-se de tomar decisões inteligentes no consumo – decisões sobre custos, não sobre o retorno sobre o patrimônio (ROE) ou o retorno sobre os investimentos (ROI). Isso é possível quando os fatores que impulsionam os custos se tornam visíveis para as pessoas que usam essas informações para controlar os custos – em muitos casos, usuários individuais de serviços de TI.

Coursen continua:

> Quando cheguei à Freescale, todos tinham um pager – o pessoal do RH estava sempre sendo chamado para fora das reuniões. Eu perguntei: "Por quê?". Assim sendo, recolhemos milhares de pagers. Os custos baixaram em milhões de dólares, e desde o começo a maioria das pessoas envolvidas não queria um pager.
>
> Eu ganhei um telefone celular, mas nunca vi a conta. Nossos fornecedores estavam nos dando papéis, o que dificulta a análise de custos. Pedimos aos fornecedores que nos fornecessem os dados para que pudéssemos cobrá-los pelo uso e enviar os detalhes de consumo próprio para todos os usuários na empresa. À medida que separávamos tudo em serviços com custo total igual à taxa vezes o volume, tentamos mudar a maneira como as pessoas eram cobradas para o que passamos a chamar de "linha de visão". Isto é, você é cobrado apenas pelo o que você usa, e se você conseguir descobrir como ser eficiente e não usá-lo, não haverá cobrança.
>
> Demos a eles dados que poderiam ser usados para administrar seu próprio desempenho – os dados que eles poderiam usar para impactar seus próprios comportamentos.[12]

"Quando você começa a falar a mesma língua, as coisas mudam. À medida que nos aperfeiçoamos ao comunicar os custos em termos de atividades efetivas, podemos ter uma conversa muito mais inteligente quando nos pedem para proporcionar serviços que não constam no cardápio."[13]

– Cara Schnaper, EVP, Tecnologia e Operações, TIAA-CREF

"Abrimos nossas finanças e as tornamos transparentes. Em meados de 2006, entregávamos uma alocação de uma linha para a empresa. Agora entregamos uma fatura completa. Entre transparência, comparação e atividades competitivas de licitações, reforçamos a visão de que nossas finanças estão sob controle, que estamos nos direcionando para a melhoria contínua com base no custo por unidade e que somos responsáveis pela entrega dos níveis de serviço."

Agora não ouvimos mais: 'Por que TI custa tanto?'. Ainda temos conversas sobre despesas? Sim, mas elas são mais sobre como podemos, juntos, reduzir os custos."[14]

– Randy Spratt, executivo, McKesson

Na JM Family, os gerentes de relacionamento de TI e negócios trazem para as reuniões com seus colegas das unidades de negócios relatórios de *chargeback* que mostram a fatura fracionada por serviço. Eles também mostram os custos por unidade e o volume de uso para cada serviço. Cada serviço é classificado com um "índice de variabilidade", que indica quanto o custo pode ser alterado ao modificar o uso do serviço. Os custos para serviços classificados como 1 (por exemplo, o custo de uma conexão de rede) mudam muito pouco com o comportamento do usuário. Mas os custos para os serviços de nível 5 estão amplamente sob controle do usuário. Por exemplo, os custos de impressão podem ser reduzidos ao usarmos um meio eletrônico (como um arquivo PDF ou faturamento eletrônico) ou imprimindo de modo econômico (em preto e branco em vez de colorido, ou em ambos os lados da folha). Todas essas são escolhas que os usuários podem usar.

E onde os serviços, cujo índice de variabilidade é classificado no nível 1, estão além do controle da unidade de negócios, os gerentes de relacionamento de TI mostram quanto a unidade de TI está fazendo para manter esses custos razoáveis. Os dados proporcionados pelos relatórios de *chargeback* ajudam as unidades de negócios a identificar as melhores oportunidades para administrar seus custos de TI, e ajudam a explicar por que os custos por unidade menos variáveis são precificados dessa maneira. Ravindran resume: "Quatro anos depois da implementação, os custos dos serviços de TI estão mais transparentes, promovendo uma melhoria na tomada de decisões".[15]

Ao criar relatórios transparentes e contínuos sobre o desempenho dos serviços de TI, os executivos alteram a natureza das conversas sobre os gastos com TI. Em vez de perguntar "Por que TI custa tanto?", os executivos perguntam "Estamos recebendo serviços corretos e de qualidade por um bom preço? O que a minha unidade de negócios pode fazer para ajudar a controlar nossos custos de TI?".

Juntando tudo: O exemplo de uma empresa

InfoInfinity (um pseudônimo) é uma corretora de dados, uma empresa de muitos bilhões de dólares. Sua unidade de TI é vista como tendo um desempenho ruim, não produzindo níveis de serviço adequados nem valor. Alguns meses atrás, após a fusão com um concorrente, um novo executivo foi nomeado. Ele está muito preocupado, e com razão, porque o desempenho de TI está decaindo e ele agora é responsável por melhorá-lo.

Uma questão contínua é que os novos produtos da empresa são introduzidos sem que TI seja avisada, forçando um emaranhado para construir a infraestrutura e elaborar os sistemas de suporte necessários. Pelo fato de os produtos da empresa serem intensivos em dados e haver muitos clientes (que compram o acesso através de assinaturas), um novo produto pode significar um aumento repentino na demanda por serviços e infraestrutura de TI. É caro e difícil satisfazer essa demanda para esse fim específico. Esses resultados garantem insatisfação contínua com TI. Os executivos da empresa acham que os 10% da receita gastos com TI deveriam produzir mais valor e mais rapidamente.

A equipe de TI entende os principais aspectos do dilema. Mais especificamente, os membros da equipe reconhecem que eles não tiveram sucesso em demonstrar o valor pelo dinheiro. Eles estão tomando medidas para aperfeiçoar a arquitetura de TI (para reduzir as variações desnecessárias na tecnologia que produziram custos excessivos e aumento no tempo para o mercado), melhorar os processos e administrar melhor a demanda (através da governança de TI). Mas eles também acreditam que precisam trabalhar mais na comunicação com a empresa sobre o valor que TI proporciona.

Ao perceber que a equipe de TI não havia conectado seu desempenho ao desempenho dos negócios, o executivo iniciou um exercício para identificar as principais métricas operacionais para a empresa e, em seguida, descrever o que TI precisava para atingir esses resultados operacionais. Em trinta minutos de discussão, a equipe de liderança de TI produziu seis métricas operacionais principais, cinco métricas financeiras (elas estão incluídas porque fazem parte dos planos de compensação executiva e, portanto, motivam o comportamento do executivo) e algumas questões que complicam as operações e medidas (como a definição de tipos de receitas – uma tarefa dificultada pela complexidade dos produtos e esquemas de preço da empresa). Em outros vinte minutos, a equipe produziu uma descrição do que TI precisava fazer para dar suporte a essas necessidades operacionais e financeiras, geralmente mapeando a capacidade atual e a desejada. Os resultados são mostrados na tabela 3-3, retirada do quadro criado pela equipe.

Quando esse exercício simples foi completado, a equipe imediatamente viu o valor comercial de suas iniciativas sob uma nova luz. Por exemplo, os negócios sempre tiveram uma capacidade elevada de sistemas, uma vez que os produtos são produzidos on-line. A suposição operacional é de que um assinante on-line que não consegue acessar os sistemas da empresa, imediatamente buscará um concorrente. Os membros da equipe viram que, em vez de simplesmente dizer: "Produzimos uma grande capacidade", eles poderiam conectar a capacidade à experiência do cliente, ao uso do produto (pelo qual os clientes geralmente pagam extra, além de suas taxas de assinatura), à retenção dos clientes e, por último, à receita. Essa percepção trouxe uma luz diferente sobre os custos de grande capacidade.

TABELA 3-3

Corretor de dados: As métricas operacionais mais importantes

Resultados comerciais	TI precisa dar suporte
• Venda líquida de novas assinaturas	Capacidade
• Renovações	Desempenho dos sistemas
• Receita auxiliar	Índice mais baixo de crescimento para os custos de TI
• Crescimento	
• Experiência/satisfação dos clientes	TI mais ligeira
• Estabilidade do produto/chamadas dos clientes	Alavancas (troca o dinheiro de outras iniciativas para TI)
• Uso – número de usuários coincidentes, índices de desconexão	Tempo rápido para o mercado
	Opções flexíveis para os níveis de serviços de TI
Questões	
• Reconhecimento da receita/análise dos dados da receita	
• Definição do que é receita nova	
• Complexidade da precificação	
Finanças	
• Receita (motiva todas as compensações)	
• Margens	
• EPS (motiva a compensação dos executivos)	
• Retorno sobre o capital investido (ROIC)	

A equipe de TI viu que poderia tornar seus clientes mais inteligentes ao explicar que "quatro noves" (99,99%) de capacidade é dezesseis vezes mais caro do que "três noves" (99,9% de capacidade).[16] Ela poderia, assim, iniciar uma discussão sobre se os resultados desejados – uso do produto e experiência do cliente – eram verdadeiramente ameaçados pelas abordagens que ofereciam garantias um pouco mais baixas de capacidade a um custo mais baixo, como a construção de centros de dados múltiplos e mais baratos, em vez de um centro de dados com capacidade super-elevada (uma despesa que o crescimento rápido exigia com frequência) para satisfazer a demanda do novo produto. Esta estratégia alteraria a conversa de "Por que TI custa tanto?" para "Podemos reduzir ou alterar os requisitos para o desempenho dos sistemas sem prejudicar os resultados de negócios que queremos?". A resposta poderia ser manter o estado atual, mas os clientes internos saberiam pelo que eles estão pagando e entenderiam o valor que estão obtendo pelo dinheiro.

Esse exercício simples foi apenas o começo do trabalho a ser feito, porém ele resultou em *insights* valiosos sobre como alterar o pensamento da equipe de TI para relacionar suas questões com aquilo que a empresa se importava. O tipo de co-relacionamento feito pela equipe precisava ser estendido para fora e para baixo através da organização de TI para que todos nesta pudessem entender quais resultados comerciais foram afetados pelo desempenho de TI. Isso significava uma mudança cultural, o que provavelmente levaria um ou dois anos.

A equipe viu três grandes iniciativas adiante naquilo que seria equivalente a uma reviravolta em TI:

- Aprimorar os processos de gerenciamento de TI.
- Aprimorar a governança, primariamente como um meio para administrar a demanda.
- Demonstrar valor pelo dinheiro.

A equipe de liderança de TI percebeu que essas iniciativas não poderiam ser entregues a menos que fosse incutida sua nova mentalidade nas unidades e nos colegas de negócios. Os líderes de TI precisavam fazer com que todas suas iniciativas de TI fossem relevantes em termos de negócios, e eles precisavam mostrar aos seus funcionários como usar essa mentalidade para direcionar suas decisões e ações.[17]

Essa mudança é muito recente e apenas o tempo dirá se ela ajudará o executivo a mudar o valor que sua unidade proporciona. Mas se os exemplos da Freescale, da Intel, da McKesson e de outras forem alguma indicação, a nova mentalidade deverá ser útil para a InfoInfinity.

Reportar o valor pelo dinheiro sempre

Assim como dinheiro, pessoas ou qualquer outra coisa de valor, TI é um recurso escasso. A demonstração do valor pelo dinheiro que descrevemos ajuda o executivo a mostrar que TI custa o que custa porque certo nível de serviço tem certo preço – assim como um sedã Lexus tem um preço diferente de um Subaru. Uma vez que o restante da equipe executiva entende isso, há espaço para discussões significativas sobre quais serviços são mais importantes, e por quê. É o início do envolvimento efetivo dos negócios na tomada de decisões sobre TI.

As organizações de TI levam aproximadamente de seis a doze meses para projetar e implementar uma medida eficaz voltada para os negócios e um programa de comunicação – que mostre quão bem TI está produzindo os serviços certos, no nível certo de qualidade, a um preço certo. Se os números parecem bons ou não, eles proporcionam a TI uma boa história para contar, uma vez que a medida é uma etapa inicial na aprimoração do valor e é reconhecida como tal por todas as equipes executivas capacitadas.

Uma vez iniciado, o programa nunca para. O valor pelo dinheiro deve ser sempre mostrado. Ele não pode nunca ser subestimado. Repetimos: a necessidade de mostrar valor pelo dinheiro no desempenho de TI nunca para.

Isso não significa que nada mude na conversa com o passar do tempo. Quando o programa de medidas começa, especialmente em uma situação de reviravolta em TI, a maior parte das conversas de TI com o restante da empresa são sobre nada mais do que o valor pelo dinheiro. Mas à medida que o valor pelo dinheiro é provado, essas conversas ocupam menos tempo nas discussões mensais com os membros da equipe executiva. De acordo com a Intel, uma vez que os relatórios de comparação de TI começaram a melhorar, a equipe executiva passou a focar em outras questões. Quando o valor pelo dinheiro está no caminho certo, os executivos precisam apenas ser lembrados de que eles ainda estão recebendo os serviços certos, no nível de qualidade certa, ao preço certo, e que o executivo está trabalhando num ritmo constante para melhorá-lo ainda mais. Eles não precisam mais de longas conversas todos os meses apenas para convencê-los de que o dinheiro gasto em TI é bem administrado.

> "TI passou de um custo obscuro para um custo entendido e gerador de valor. A empresa sente-se confortável por estarmos medindo despesas, qualidade, atendimento ao cliente - todas as coisas que você faz para administrar um bom negócio."[18]
>
> **- Randy Spratt, executivo, McKesson**

Proporcionar e provar valor pelo dinheiro – tornar-se o "diretor de informática de baixo custo" – são as principais etapas iniciais na criação e demonstração do valor comercial de TI. Ao proporcionar um valor indiscutível pelo dinheiro, o executivo ganha a credibilidade necessária para tomar o próximo passo: trabalhar com a equipe executiva para determinar os investimentos em TI que irão melhorar o desempenho comercial. Esse planejamento pode ser iniciado assim que a equipe executiva estiver convencida de que o valor pelo dinheiro de TI está melhorando substancialmente e continuará a melhorar, como demonstrado pela clara mudança no teor das conversas sobre o desempenho de TI – por exemplo, uma mudança no foco de "Por que TI custa tanto?" para discussões centradas na aprimoração dos resultados comerciais. O capítulo 4 é sobre como dar esse passo.

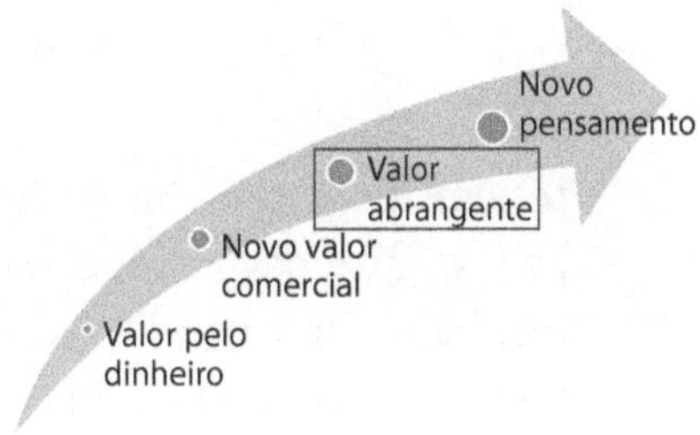

[4]

Dominar o Ciclo Virtuoso

Um investimento em conhecimento sempre paga os melhores juros.
– Benjamin Franklin

Vamos começar este capítulo com um teste. Prometemos que o motivo logo se mostrará aparente, e os resultados serão reveladores.

Usando a tabela 4-1 como guia (veja a página seguinte), gostaríamos que você avaliasse o desempenho da sua organização nas 18 tarefas da administração de TI, sendo que dez delas tipicamente são responsabilidades do executivo e oito não. Use uma escala de 1 a 10, onde 1 = ineficaz e 10 = altamente eficaz. Pronto? Vamos lá.

Acabou? Ótimo. A tabela 4-2 mostra como as pontuações se comportaram em uma pesquisa com 153 executivos, conduzida pelo CISR do MIT, usando o mesmo questionário e guia de pontuação.

Aqui está o que faz com que os números sejam importantes: das 18 tarefas comuns de TI e não-TI, *apenas 4* (mostradas em negrito na tabela 4-2) – desenvolvimento de aplicativos; BPR (reengenharia dos processos de negócios) e mudança organizacional; identificação das necessidades; e supervisão de TI – têm uma correlacão estatisticamente significante com o valor comercial proporcionado por TI.[1] As empresas que são melhores em qualquer uma das quatro proporcionam um valor de negócios mais alto aos olhos dos executivos não-TI que se beneficiam deste valor.

Todas as outras tarefas são possibilitadoras e não geradoras de valor. Elas referem-se a administração de TI e não a melhorar os negócios. Resumindo, o valor mais importante nos negócios não vem de uma administração melhor da organização de TI, mas sim da mudança nos negócios de maneiras valiosas. (Como dissemos no capítulo 2, trata-se sempre do desempenho dos negócios.)

Não podemos exagerar a importância dessas descobertas. Embora os executivos eficazes realizem muitas tarefas de TI (como operações, planejamento da infraestrutura, administração da unidade de TI e gestão do relacionamento) melhor do que seus colegas, essas tarefas têm um efeito relativamente pequeno na percepção dos executivos sobre o valor dos negócios. Não faz muito sentido fazê-las melhor do que a média. Elas proporcionam apenas uma boa fundação – de tecnologia, habilidades, informações e, acima de tudo, credibilidade – na qual os executivos e os executivos de negócios podem produzir e colher valor. Elas não são o valor em si.

TABELA 4-1

Classifique sua empresa nessas tarefas

Tarefas de TI	Tarefas de negócios
• Operações	• Investimento
• Administração financeira	• Priorização
• Planejamento da infraestrutura/arquitetura	• Administração de relacionamento
• Desenvolvimento de aplicativos	• Direção estratégica
• Administração da organização de TI	• Suporte à implementação
• Estratégia de TI	• Identificação das necessidades
• Administração de pessoas	• Uso eficaz de TI
• Priorização	• Supervisão de TI
• Administração de relacionamento	
• BPR/Mudança organizacional	

TABELA 4-2

Resultados da pesquisa: Quão boa é a sua empresa nas principais tarefas de TI?

Tarefas de TI	Tarefas de negócios
• Operações (8,0)	• Investimento (7,0)
• Administração financeira (6,7)	• Priorização (7,0)
• Planejamento da infraestrutura/ arquitetura (6,5)	• Administração de relacionamento (6,9)
• *Desenvolvimento de aplicativos (6,3)*	• Direção estratégica (6,7)
• Administração da organização de TI (6,2)	• Suporte à implementação (6,4)
• Estratégia de TI (5,9)	• *Identificação das necessidades (6,3)*
• Administração de pessoas (5,8)	• Uso eficaz de TI (5,8)
• Priorização (5,8)	• *Supervisão de TI (5,5)*
• Administração de relacionamento (5,5)	
• *BPR/Mudança organizacional (5,5)*	

Fonte: Atualizado de George Westerman e Peter Weill, "What Makes an Effective executivo: The Perspective o Non-IT Executives", *MIT Sloan CISR Research Briefings* V(2C), julho de 2005.

Isto significa que, para aumentar o valor de TI, você não deve colocar todos seus esforços na administração da organização de TI; uma vez que o valor pelo dinheiro seja estabelecido, é melhor focar na identificação de mudanças valiosas nos negócios e na obtenção de um retorno melhor para todas as mudanças.

O ciclo virtuoso é a chave para o valor dos negócios em TI

Os quatro fatores realçados na tabela 4-2 constituem um ciclo virtuoso das atividades de investimento em TI (veja a figura 4-1).

- *Identificação das necessidades* é sobre descobrir as oportunidades para aprimorar o desempenho da empresa.

- *Reengenharia dos processos de negócios (BPR) e mudança organizacional* significa identificar como os processos de negócios precisam mudar para produzir níveis mais altos de desempenho, e em seguida assegurar que a organização mude suas práticas de modo eficaz.
- *Desenvolvimento de aplicativos* envolve o projeto, aquisição, instalação e teste de soluções tecnológicas para implementar as mudanças nos processos.
- *Supervisão de TI* é sobre os líderes de negócios garantirem que a unidade de TI esteja operando de modo efetivo e eficaz. Os elementos da supervisão eficaz são um *processo de investimento transparente,* cujo objetivo é escolher as oportunidades mais promissoras para investimento em TI e *mensuração* (ou levantamento), a qual tem por objetivo garantir que as decisões de investimento produzam valor ao reforçar a responsabilidade pelas ações e mudanças que irão proporcionar valor.

Se sua empresa tem resultados semelhantes ao da tabela 4-2, então você faz a identificação das necessidades e desenvolvimento das aplicações melhor do que faz a supervisão e a BPR/mudança organizacional, e não faz nenhuma delas especialmente bem. A boa notícia é que você pode aumentar o valor dos negócios ao melhorar gradualmente *qualquer* uma das etapas no ciclo virtuoso. Uma notícia melhor ainda é que, por causa das interdependências entre esses elementos, você alcança um valor tremendo ao melhorar esses elementos harmoniosamente. O valor da identificação das necessidades aumenta quando a empresa usa a BPR para moldar as necessidades em oportunidades com alto valor. O valor do desenvolvimento de aplicações é maior quando a BPR e a identificação das necessidades são bem feitas. O valor de todos os investimentos aumenta quando a empresa claramente sabe o que ela espera obter com a mudança e mede os resultados desejados.

FIGURA 4-1

Ciclo virtuoso do valor de TI

Fonte: Adaptado de George Westerman e Peter Weill, "Getting Business Value from IT: The Non-IT Executive View", *MIT Sloan CISR Research Briefings* V1(3A), dezembro de 2006.

O elemento mais importante é a supervisão eficaz. É a cola que mantêm todos juntos. Ele transforma todas as tarefas em um ciclo de aprendizado, e não em algo que se repete novamente para cada investimento. O esclarecimento das regras das decisões de investimentos e priorização lhe ajudará a melhorar o planejamento do valor que você produzirá, e garantirá que quando estiver identificando as necessidades e implementando as melhorias, você também considere as mudanças comerciais assim como as mudanças tecnológicas. Esse tipo de esclarecimento também proporciona os dados necessários para medir se o projeto produziu os retornos corretos. A mensuração e a comunicação do valor asseguram que o projeto foi realizado eficazmente, e essas atividades ajudam a todos a melhorar os processos de planejamento e entrega. Elas também realçam as oportunidades para mudanças futuras. Sem a supervisão, as outras tarefas operam independentemente. Com a supervisão, as tarefas trabalham em conjunto, e os membros da equipe aprendem a cada vez que o ciclo gira.

Isso é o ciclo virtuoso, e é por isso que ele importa. O restante deste capítulo descreve as abordagens para identificação das necessidades, a primeira parte do ciclo virtuoso. O capítulo 5 continua a discussão mostrando quatro maneiras de identificar novas fontes de valor para TI e como alinhá-las com as necessidades. O capítulo 6 descreve como avaliar o valor das oportunidades e priorizar os investimentos resultantes. O capítulo 7 explica como os executivos podem aperfeiçoar a BPR, o desenvolvimento de aplicativos e a administração das mudanças organizacionais. O capítulo 8 conclui nossa discussão sobre o ciclo virtuoso com um guia para medir e colher benefícios.

Comece o ciclo virtuoso entendendo o que importa

Para mostrar que TI melhora o desempenho dos negócios, você precisa saber em quais aspectos esse desempenho precisa ser melhorado. Isso significa entender o que mais importa para os negócios. Em muitas organizações, é uma tarefa nada trivial. Um negócio típico tem muitas peças em movimento – e muitos executivos com interesses e agendas pessoais variáveis. Poderá ser difícil descobrir o que importa para quem, e não apenas para o executivo.

Muitas vezes, a primeira maneira que os executivos encontram para melhorar o valor dos negócios é ajudando seus parceiros de negócios a esclarecer quais tipos de valor – quais resultados comerciais – importam mais. A equipe executiva pode, então, usar esta visão focada no valor para tomar decisões melhores sobre quais melhorias são necessárias, quais investimentos podem ajudar e quais ações precisam ser tomadas para melhorar o valor de todos os investimentos.

O foco é essencial para o investimento bem-sucedido em TI. A maioria das empresas usa um conjunto básico comparável (se não os mesmos) de tecnologias para sistemas operacionais, linguagens, sistemas de gestão do banco de dados, inteligência de negócios, planejamento de recursos da empresa (ERP), gestão do relacionamento com os clientes (CRM) e outros requisitos essenciais de infraestrutura ou aplicações. Não são as tecnologias em si que diferem uma empresa; o que faz a diferença são os desafios e oportunidades aos quais essas tecnologias são aplicadas.

Por exemplo, CapitalOne, Walmart e Amazon.com são todos grandes usuários de *data mining* (prospecção de dados), mas cada um deles a usa diferentemente, refletindo o foco estratégico da empresa. Na Amazon.com, o *data mining* é usado no suporte à identificação do cliente (quais livros o cliente provavelmente desfrutaria, dados os livros que ele já comprou?). No Walmart, ele é sobre a excelência operacional para a cadeia de fornecimento (quais produtos, em quais tamanhos e contêineres, devem ser enviados para qual loja até a abertura amanhã pela manhã?).

"Muitas vezes, a tecnologia BI (inteligência de negócios) é aplicada como uma estratégia em busca de um problema. Para muitas pessoas, é intuitivo que você precisa dela. Assim sendo, você a aplica e nada acontece, uma vez que ela foi vista pelas lentes erradas. Se não houver uma verdadeira curiosidade intelectual sobre os clientes, não gaste seu dinheiro."[2]

– Butch Leonardson, executivo, Boeing Employees Credit Union

Se a empresa não estiver focada, as tecnologias, como o *data mining*, poderão não ser aplicadas a algo especificamente – sem resultados específicos para justificar o investimento. É um exemplo clássico da armadilha do valor segundo a qual "TI produz tecnologia", especialmente porque ela é sempre feita com as melhores intenções.

Foque no que mais importa

Sua estratégia é um bom lugar para começar a procurar o que mais importa. Mas em muitas organizações, a estratégia não é focada ou é mediocremente entendida, até mesmo pelos altos executivos. Se for assim, então a análise de sua estratégia poderá não ser uma abordagem viável para entender o que importa, e você precisará de um método diferente para encontrar o foco e identificar o melhor candidato para os investimentos em TI.

Sugerimos três maneiras para encontrar o foco.

1. Esclarecer a estratégia.

2. Analisar os processos de negócios.

3. Encontrar as principais métricas operacionais.

Cada uma dessas abordagens tem pontos fortes e limitações específicos. Nem todas serão úteis para todas as empresas. Porém o executivo deve usar quantas puder, isto porque a visão oferecida por cada abordagem ilumina as oportunidades e obstáculos que não estão claros nas outras.

Abordagem 1: Esclarecer a estratégia

Nenhuma empresa tem orgulho em dizer que não tem uma estratégia sólida. A maioria dos executivos concordaria que uma estratégia bem definida e bem entendida ajuda os funcionários a entender como suas ações melhorarão o desempenho da empresa – mesmo se os executivos em questão acharem que eles têm ou não uma estratégia. Certamente, os executivos que trabalham em empresas e têm um foco estratégico claro provavelmente serão mais eficazes, uma vez que eles sabem o que fazer para mover a empresa para frente. Podemos também definir este princípio de um ponto de vista oposto: as empresas que entendem como elas competem, o que é a função da estratégia, provavelmente entenderão como elas podem usar TI (assim como outros ativos) para ser mais competitiva.

A implicação clara é que os executivos deveriam fazer tudo que puderem para ajudar a equipe executiva a esclarecer a estratégia. Quando a estratégia estiver clara, também ficará claro como a organização de TI, que produz valor pelo dinheiro, poderá produzir melhorias no desempenho da empresa.

Pergunte pela estratégia

A maneira mais direta e óbvia de obter a estratégia é perguntar aos seus colegas qual é a estratégia deles. Por outro lado, se você tem de perguntar, há uma boa chance de ela não ser documentada em nenhum lugar e, neste caso, poderá haver muitas versões diferentes (e contraditórias). A favor do executivo, assim como do CFO, está o fato de que ele tem um motivo legítimo para falar regularmente com cada executivo e chefe de unidade de negócios. Ao combinar muitos pontos de vista de estratégias, o executivo ajuda a desenvolver um quadro mais amplo da estratégia da empresa, dos conflitos potenciais ou falta de foco.

Mas essa abordagem pode ser complicada. O bem-sucedido executivo, Bud Mathaisel, diz: "O momento oportuno é importante. E geralmente a melhor hora para se ter conversas longas é quando eles estão em seu próprio momento de planejamento estratégico. É melhor do que simplesmente entrar em seus escritórios e dizer: 'O que você está pensando sobre o futuro? O que eu deveria estar fazendo para ajudá-lo em três, quatro ou cinco anos?'. É melhor quando eles estão em algum tipo de ciclo anual de planejamento de operações ou estão tendo uma conferência mundial de seus executivos de vendas e materiais e já estão formando, em suas mentes, alguma estratégia".[3]

Em vez de perguntar pela estratégia diretamente, será mais fácil para o executivo fazer perguntas aos executivos sobre as metas e obstáculos. Aqui estão alguns exemplos de perguntas:

- Quais são as oportunidades mais importantes que você vê no momento?
- Quais são os obstáculos mais importantes entre você e essas oportunidades?
- Para lidar com as oportunidades e os obstáculos, o que você não sabe e precisaria saber?
- O que você não consegue fazer mas precisa fazer?

O executivo não precisa oferecer soluções; elas vêm mais tarde, quando as mensagens tiverem sido absorvidas. E tenha cuidado para seguir o conselho de Bud Mathaisel de não perguntar com frequência. Pergunte no momento certo para obter a informação. Depois, em outras reuniões, escute atentamente a conversa para ver o que está mudando. Fazer perguntas para realçar uma mudança aparente na estratégia poderá ser visto como uma contribuição. Mas fazer as mesmas perguntas repetidamente poderá ser visto como um incômodo.

Se você não consegue descobrir a estratégia perguntando, use outros meios

Quando você não tem a oportunidade de perguntar sobre a estratégia, ou quando as respostas são nebulosas ou contraditórias, você precisa procurá-la em outros lugares. Você pode começar examinando documentos públicos e declarações. Algumas fontes geralmente oferecem percepções significativas sobre a estratégia da administração.

- *O que é discutido no relatório anual?* As empresas do setor privado e muitas agências públicas produzem um relatório anual. Esse relatório – preparado para um público que inclui os regulamentadores (no caso de agências públicas, os legisladores), acionistas (o público no caso das agências) e funcionários – descreve o histórico recente e os planos da empresa. As declarações feitas no relatório anual são, de fato, promessas feitas publicamente, e os executivos devem levá-las tão a sério quanto qualquer um.[4]
- *O que é discutido no formulário 10-K?* A Comissão de Títulos e Valores americana (SEC) exige que as empresas de capital aberto façam declarações no formulário 10-K. Elas descrevem a estratégia da empresa, suas fontes de vantagem competitiva e os riscos conforme vistos pela alta gerência. Os executivos podem ser processados por fazerem declarações falsas ou enganosas no formulário 10-K, portanto, ele é considerado uma fonte confiável de informações. Mas lembre-se de que o relatório anual e o formulário 10-K reportam apenas o que a empresa quer compartilhar (ou é obrigada a compartilhar). Muitos outros aspectos da estratégia, desempenho e risco nunca são compartilhados com pessoas de fora.
- *O que os altos executivos disseram aos investidores e à imprensa?*As empresas de capital aberto regularmente realizam conferências e reuniões com os investidores. As declarações feitas nessas reuniões são rastreadas pelos investidores e conselheiros financeiros (algumas vezes como munição para futuros processos jurídicos pelos acionistas). Assim sendo, essas declarações são sólidas. Procure na internet por quaisquer notícias, declarações públicas ou relatórios de analistas que mencionem a direção futura ou compromisso da empresa.

Em seguida, desça um ou dois níveis na organização. Examine as propostas atuais de orçamento para cada unidade de negócios (incluindo itens orçamentários que os executivos queriam, mas que não foram aprovados neste ano). Esses documentos mostram o que os executivos das unidades de negócios acham apropriado dizer aos seus chefes e ao restante da empresa sobre os planos e desempenho de suas unidades. Procure também os projetos de longo prazo de produtos e outros documentos de planejamento. Assim como com qualquer outro plano, estes também estão sujeitos a mudanças, porém eles podem ajudá-lo a entender as metas e planos futuros dos executivos com os quais você interage.

Você também pode usar os relacionamentos com a gerência média para entender a estratégia das unidade de negócios. Peça aos seus chefes de desenvolvimento de aplicativos para que expliquem as estratégias de seus colegas nas unidades de negócios. Faça uma pesquisa entre seus gerentes de relacionamento das unidades de negócios de TI sobre o que eles estão ouvindo de seus colegas. Essa é uma informação em segunda mão, mas ela pode ser uma fonte valiosa de inteligência.

Quando se esgotarem todas as fontes, documente o que você acredita que seja a estratégia e relate-a para os outros membros da equipe executiva. Eles certamente responderão. Eles poderão confirmar o que você escreveu ou corrigi-lo. De qualquer maneira, você saberá mais sobre aonde a empresa acredita estar indo do que sabia antes.

> "Os executivos dizem: 'Nós não temos um plano estratégico nos negócios'. Certo! Faça um plano! Repentinamente você é um líder de negócios. Muitos executivos querem um plano estratégico para poder elaborar o plano de TI. Vá até os líderes de negócios e comece a elaborar o plano. Aí sim você será um líder de negócios."[5]
>
> **– Butch Leonardson, executivo, Boeing Employees Credit Union**

Abordagem 2: Analisar os processos de negócios

Estratégia é sobre planos. Processos de negócios são sobre a execução. A análise dos processos de negócios proporciona muitas informações importantes sobre a capacidade atual e prospectiva que possam estar ausentes na estratégia. E se houver uma lacuna entre as capacidades de um processo de negócios e a estratégia que depende deste, então você terá uma oportunidade significativa para agregar valor através de TI. Os líderes das unidades de negócios certamente estarão interessados em uma discussão sobre seus processos; é o orgulho deles ou sua desgraça existencial, e de qualquer forma eles irão querer falar sobre isso.

As questões mais importantes sobre os processos são operacionais. Qual é o papel do processo nos negócios? Quais são seus ganhos de escala, tempo de ciclo, consumo de recursos e qualidade? Quais são suas vulnerabilidades e riscos associados? Como ele se relaciona a outros processos? Como ele se compara aos processos similares usados pelos concorrentes? Ele consegue acomodar mudanças prospectivas nos negócios que suporta?

Sam Coursen, da Freescale Semiconductor, usa a *cadeia de valor* – um conceito bem conhecido derivado do trabalho de Michael Porter sobre estratégia competitiva nos anos 80 – e dos processos que a suportam, como o princípio organizacional para discussões sobre as necessidades estratégicas.[6] O conceito da cadeia de valor é familiar para qualquer um que tenha MBA e, assim sendo, é uma boa maneira de discutir aplicações e processos de negócios em termos que os executivos de negócios entendam. (A figura 4-2 demonstra a cadeia de valor como ela é concebida pela Freescale.) Aqui estão as palavras de Coursen:

> Otimizar o custo e a eficácia dos processos de TI é apenas metade da equação [do valor]. A outra metade da equação são os processos de todas as outras pessoas.
>
> Pense na cadeia de valor: construímos produtos, os vendemos, preenchemos os pedidos, damos assistência após a venda. É assim que agregamos valor. Em TI, coordenamos a Freescale em 20 processos associados com essa cadeia de valor. Para cada processo temos um responsável na empresa. E criamos um plano de jogo para cada processo – cadeia de fornecimento, manufatura e assim por diante: qual é o estado atual, quais são as oportunidades para melhorá-lo, qual será o estado futuro? Acertamos tudo isso com o responsável pelo processo.
>
> Assim sendo, em vez de ficar correndo para fazer milhares de consertos, os quais os usuários facilmente conseguem fazer – e nenhum desses consertos tem ROI! –, podemos focar nas grandes etapas, como por exemplo onde você quer estar com a cadeia de fornecimento? Assim o responsável pelo pro-

> cesso realmente participa da reengenharia de seus processos através de iniciativas estratégicas.
>
> A arquitetura é importante aqui, mas se você está falando em arquitetura no sentido de tecnologia, nem falamos com a empresa sobre isso. Falamos com eles sobre o plano de jogo dos processos de negócios. Em seguida o traduzimos em estratégia técnica básica e arquitetura. Essa arquitetura tecnológica é uma estratégia importante, mas não envolvemos a empresa a menos que eles peçam. Mas eles não pedem. Eles não obtêm valor dos padrões técnicos. Eles obtêm valor da melhoria nos processos de negócios.
>
> O TI da Freescale está bastante convicto de que nossa estratégia não existe por si própria; ela é a estratégia do domínio dos negócios. Costumávamos trabalhar com usuários poderosos em todas as funções, de baixo para cima, para desenvolver a estratégia de TI, e ela não necessariamente se conectava com a estratégia de negócios. Ao vir de cima para baixo, conseguimos redirecionar os esforços de TI em iniciativas maiores. Nós mudamos os investimentos em TI das áreas de suporte para a cadeia de valores dos processos?[7]

Observe algumas coisas sobre os comentários de Coursen. Primeiro, sua estratégia de TI é realmente a estratégia do domínio dos negócios, portanto, ela está diretamente ligada às prioridades de longo termo mais importantes da empresa. Segundo, ele desenvolve a estratégia de processo em processo, trabalhando diretamente com os responsável pelos processos e toma medidas para garantir que a propriedade dos processos seja clara, assim, ele está lidando com pessoas que têm a autoridade para fazer mudanças. Terceiro, ele não discute a arquitetura técnica que suporta a estratégia para certo processo com o restante da empresa, a menos que lhe perguntem – e eles nunca perguntam.

Resumindo, no que diz respeito a essa discussão, ela não é realmente sobre TI; ela é sobre o desempenho dos negócios. E como mostra esse exemplo, o executivo não deve simplesmente assumir a abordagem funcional descrita por um executivo – *como* as metas para o processo devem ser alcançadas – pelo seu significado visível como uma declaração exata de o que o executivo realmente quer e precisa.

Os executivos agregam muito valor ao mostrar como a tecnologia consegue proporcionar uma resposta melhor à essa pergunta.

FIGURA 4-2

Cadeia de valor da Freescale Semiconductor

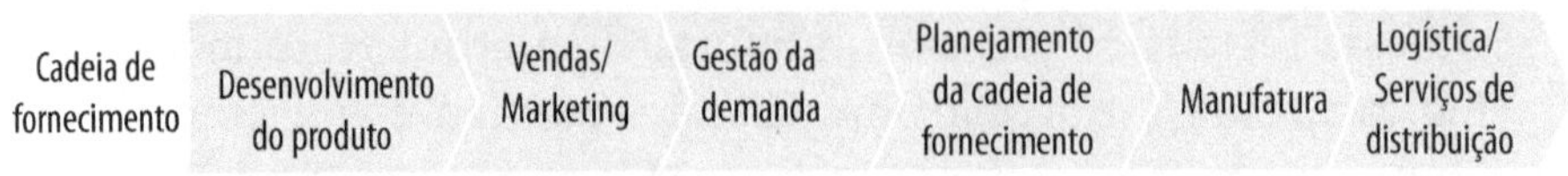

Fonte: Sam Coursen, apresentação em conferência, Freescale Semiconductor, março de 2008. (Usado com permissão.)

Abordagem 3: Encontrar as métricas operacionais que os gerentes estão usando

Muitos executivos estão focados em fazer a conexão entre o desempenho de TI e o desempenho financeiro dos negócios, e eles se frustram com sua inabilidade em conseguir fazer uma conexão direta. A conexão é muito mais fácil de fazer e medir quando ela é estruturada com métricas operacionais de negócios, as quais são ótimos indicadores para as métricas financeiras. As métricas operacionais também são normalmente as métricas pelas quais o desempenho de um processo de negócios é medido, portanto, elas ajudam a esclarecer o que os gerentes acreditam que seja mais importante no processo.

Para cada gerente em qualquer nível de uma empresa, um número normalmente pequeno de métricas operacionais direciona as decisões dos gerentes todos os dias. As mudanças significativas no desempenho dos negócios são amplamente expressas em termos dessas métricas. Se TI pode ajudar a melhorá-las, então, por definição a mudança será vista como valiosa.

As questões que levam a essas métricas incluem o seguinte:

- *Quais métricas têm um impacto no plano de compensação dos executivos?* O plano de compensação dos executivos geralmente é o motivador mais importante para a estratégia da empresa ou da unidade de negócios. Um executivo cujas iniciativas aprimoram as métricas pelas quais um executivo é medido provavelmente terá mais suporte (e evitará oposição) do que aqueles que não têm essas iniciativas.

- *Quais as principais métricas operacionais que os gerentes rastreiam todos os dias? O que essas métricas dizem a esses gerentes?* Na Career Education Corporation, um dos principais players no setor de educação de adultos, a situação dos empréstimos estudantis e presença na sala de aula são cuidadosamente observados como indicadores para as receitas. Uma queda em qualquer uma dessas métricas poderá sinalizar a partida eminente dos alunos envolvidos.

- *Quais são os níveis atuais de desempenho para essas métricas?* Para a Career Education Corporation foi uma grande novidade quando TI começou a produzir os números de matrículas, presença e situação de empréstimos em tempo real, em oposição aos relatórios semanais e mensais aos quais os gerentes estavam acostumados. A produção mais rápida desses indicadores possibilitou que os gerentes identificassem e tratassem as situações arriscadas antes que elas se desenvolvessem em emergências.

- *Essas métricas são consistentes com a estratégia?* Em outras palavras, os gerentes estão enfatizando o desempenho que é mais consistente com os requisitos da estratégia formal? Quando as metas de desempenho contidas no plano de compensação dos executivos não estão alinhadas com a estratégia formal da empresa, surge um conflito comum. Em muitos casos, se não na maioria, os conflitos são resolvidos a favor do aumento na compensação de executivos. Em outras palavras, o plano de compensação dos executivos geralmente define a estratégia real.

- *Quais métricas operacionais são relatadas aos fornecedores, clientes, investidores ou reguladores?* O que essas métricas dizem a eles? Quais decisões essas partes externas tomam baseadas nessas métricas?

A Estrutura de Valor dos Negócios da Gartner, criada pelos analistas da Gartner, Michael Smith e Audrey Apfel, baseada em fontes industriais como o Conselho da Cadeia de Fornecimento, representa algumas das métricas operacionais amplamente usadas no mundo inteiro.[8] Essa estrutura, a qual pode ser uma fonte útil de métricas operacionais, é descrita na tabela 4-3.

Métricas operacionais e resultados também importam para empresas não-comerciais.

O entendimento das métricas operacionais de negócios, e os resultados que elas representam, é tão importante para agências sem fins lucrativos e governamentais assim como é importante para as empresas comerciais. Considere a Campus Crusade for Christ, uma organização evangélica cristã que se encontra substancialmente presente em campus de universidades por todo os Estados Unidos. Os serviços da organização incluem ajuda por telefone para alunos que estão procurando conselhos espirituais ou passando por crises emocionais.

O executivo da organização, Trey Lewis, estava tendo problemas em comunicar o valor dos serviços de TI para a organização. Ele percebeu que parte do problema eram as medidas que ele estava usando, como o tempo de atividade da rede e o custo total de propriedade para os ativos de TI. Essas métricas eram importantes para ele e sua equipe, mas não significavam nada para os executivos que pagavam pelos serviços de TI, e se beneficiavam deles.

Na tentativa de ligar seu desempenho às métricas que eram importantes para a organização, ele começou a enfatizar as contribuições de TI para a habilidade da organização em atender as necessidades espirituais e emocionais dos alunos e ganhar convertidos. Ele considerou métricas como as seguintes:

- O número de chamadas atendidas pela organização, incluindo as tendências com o passar do tempo; média de custo de TI e custo organizacional por chamada e conversão.
- Tempo de espera para as linhas de ajuda durante os horários de pico e normal; pessoas na espera que desligaram durante esses horários.

TABELA 4-3

A Estrutura de Valor dos Negócios da Gartner

Aspectos dos Negócios	Agregados	Principais			
Gestão da demanda	Receptividade do mercado	Índice do mercado alvo	Índice de cobertura do mercado	Índice de participação no mercado	Índice de oportunidade/ameaça
		Índice de portfólio do produto	Índice de rentabilidade do canal	Índice de configuração-habilidade	
	Eficácia das vendas	Índice de oportunidades de vendas	Índice do ciclo de vendas	Índice de fechamento de vendas	Índice do preço de vendas
		Índice do custo de vendas	Exatidão da previsão	Índice de retenção de clientes	
	Eficácia do desenvolvimento do produto	Índice de novos produtos	Índice da função característica	Índice de tempo para o mercado	Índice de sucesso de P&D
Gestão do fornecimento	Receptividade dos clientes	Entrega em tempo	Coeficiente de preenchimento do pedido	Qualidade do material	Exatidão do serviço
		Desempenho do serviço	Desempenho do atendimento ao cliente	Eficácia do acordo	Coeficiente de transformação
	Eficácia dos fornecedores	Entrega em tempo do fornecedor	Coeficiente de preenchimento do pedido do fornecedor	Qualidade do material do fornecedor	Exatidão do serviço do fornecedor
		Desempenho do serviço do fornecedor	Desempenho do atendimento do fornecedor	Eficácia de acordo do fornecedor	Coeficiente de transformação do fornecedor
	Eficácia operacional	Tempo de ciclo de caixa a caixa	Custo de conversão	Utilização dos ativos	Valor do sigma
Serviços de suporte	Receptividade dos recursos humanos	Índice de eficácia do recrutamento	Índice de administração dos benefícios	Índice de inventário das habilidades	Índice de treinamento dos funcionários
		Índice de aconselhamento do RH	Índice de custo total do RH		
	Receptividade da Tecnologia da Informação	Desempenho dos sistemas	Desempenho do suporte de TI	Coeficiente de parceria	Eficácia em nível de serviços
		Índice de novos projetos	Índice do custo total de TI		
	Receptividade financeira e regulatória	Índice de conformidade	Índice de exatidão	Índice de aconselhamento	Índice de custo do serviço

Fonte: M.Smith e A. Apfel, "The Gartner Business Value Model: A Framework for Measuring Business Performance", Gartner Research Note G00139413, 31 de maio de 2006.

- Habilidade de TI em suportar a expansão da organização para novos *campi*, incluindo os custos e tempos de ciclos para estabelecer novos escritórios.
- Eficácia e uso de canais suportados por TI, como os sites na internet e as salas de bate-papo, em dar suporte às comunicações com os alunos; porcentagem de usuários desses canais que participam ou contribuem com a organização.

Essas medidas e outras serviram a dois propósitos para Lewis. Primeiro, ele conseguiu ligar o desempenho de sua unidade mais diretamente para as medidas que mais interessavam a equipe da alta gerência. Segundo, ele ajudou os executivos a desenvolver conjuntos sólidos de métricas que eles poderiam usar para administrar suas próprias unidades. Em outras palavras, o foco em métricas que eram importantes para a empresa serviu como base para uma discussão sobre como as tecnologias da informação e as pessoas poderiam mais eficazmente ajudar a empresa a alcançar e expandir sua missão – e é aí que está o valor.

Menos de um ano depois, Lewis se sentiu em uma posição muito diferente. Sua unidade passou a ter mais valor para o restante da empresa, e ele assumiu a liderança de um novo canal estratégico voltado para a construção de comunidades on-line. Os executivos começaram a chamá-lo para pedir a ajuda de TI para melhorar o desempenho de suas unidades, e ele foi incluído nas sessões periódicas que consideravam a estratégia atual e de longo termo da organização.[9]

Use o que você aprendeu para desenvolver oportunidades

Até aqui, você já reuniu informações que incluem o seguinte:

- A melhor descrição disponível das estratégias da empresa.
- Uma análise de alto nível dos processos da empresa.
- As métricas operacionais mais importantes para os líderes de negócios em vários níveis.

As estratégias da empresa dizem aonde você quer chegar com os negócios. A análise dos processos da empresa diz se os processos atuais podem levá-lo lá. As métricas operacionais dizem como as melhorias no desempenho serão medidas.

Esta é a informação essencial que você precisa para gerar *insights* de oportunidades para investimento. *Uma oportunidade existe quando um processo pode ou deve ser melhorado para avançar a estratégia, e quando está claro como as melhorias afetarão o desempenho dos negócios em termos observáveis e mensuráveis.* Alguns executivos dentro e fora de TI internalizaram esse conhecimento a ponto de oportunidades valiosas se apresentarem como inspirações, como no exemplo de Gonpo Tsering, vice-presidente executivo e membro da diretoria executiva da DKSH, cujo caso é descrito no capítulo 5. Para outros, abordagens formais e estruturadas podem ser úteis – por exemplo, ligar sistematicamente as estratégias aos processos e os processos às medidas de desempenho, e, em seguida, analisar em detalhes um conjunto de opções para mover o desempenho para um nível mais alto. Essa é a abordagem que uma empresa de consultoria administrativa assumiria. Se sua abordagem preferida está mais perto de um desses extremos, ou está entre eles, o elemento comum é a familiaridade com as estratégias e operações da empresa.

Do ponto de vista de identificação das necessidades, a próxima etapa é gerar e classificar as propostas para capturar as oportunidades. Esse é o tópico dos próximos dois capítulos.

5

Encontrar as Fontes do Novo Valor

No fundo, as organizações de TI têm duas alavancas à sua disposição para criar valor. Elas conseguem aprimorar a tomada de decisões ao melhorar a qualidade ou exatidão das informações, ou elas conseguem aumentar a eficácia, qualidade e funcionalidade ao melhorar os processos.

Ao adicionar uma dimensão que represente o alcance dos mecanismos pelos quais a informação ou automação é fornecida – o escopo do público, dentro e fora da empresa, que é afetado, de alguma maneira pela mudança suportada por TI – produzimos a figura 5-1, a qual representa a extensão total de abordagens que TI pode aplicar para melhorar a diferenciação e a competitividade dos negócios.

Em qualquer empresa, a organização de TI poderá ter a oportunidade de fazer contribuições importantes para o desempenho dos negócios em mais de uma dessas maneiras. Na realidade, frequentemente vemos que as iniciativas que começam em um quadrante possibilitam outras à medida que as melhorias nas informações e os processos

FIGURA 5-1

Quatro fontes de novo valor de TI

TI pode melhorar o desempenho dos negócios de quatro maneiras, e todas têm valor alto.

Fonte de valor		
Melhora a tomada de decisões	**Informação interna** Proporciona informações para melhorar as decisões operacionais	**Informação externa** Informações embutidas nos produtos e serviços
Melhora os processos	**Otimização** Melhora ou transforma os processos internos através da tecnologia	**Reformulação** Altera o modo como os clientes e parceiros interagem com a empresa e seus produtos /serviços
	Interno	Externo
	Escopo da mudança	

criam uma plataforma estável e altamente funcional para mudanças adicionais.

Por exemplo, a DKSH é o provedor de serviços líder em expansão de mercados do mundo, com $8 bilhões em vendas em 2008. A empresa é baseada na Suíça, mas, por aproximadamente 150 anos, tem se concentrado na Ásia. A DKSH tem quatro unidades de negócios – Bens para Consumo, Saúde, Materiais para Desempenho e Tecnologia – através das quais ela oferece serviços de *sourcing*, vendas, marketing, distribuição e logística. Em 2005, a empresa implementou novos processos no centro de distribuição e tecnologia suportada pelos sistemas SAP, uma iniciativa de otimização almejando o desempenho operacional da empresa como um provedor de logística. Pouco depois, o VP executivo de operações e suporte de negócios, Gonpo Tsering, percebeu que a nova plataforma da empresa e o novo escopo global forneciam valiosas informações de vendas para os clientes. A DKSH poderia aplicar informações externas para oferecer aos clientes informações resumidas sobre as tendências de vendas e mercados juntamente com seus serviços de remessa. Por exemplo, ela podia dizer a um pequeno varejista em Shangai que ele deveria pedir uma marca específica de goma de mascar, porque as vendas dessa marca estavam gradualmente aumentando e se movimentando na costa da China em uma linha de tendência que em questões de semanas chegaria a Shangai. A DKSH tornou-se, na realidade, um fornecedor de inteligência de negócios para seus clientes, assim como uma empresa de logística, aumentando a proposta de valor da empresa para os clientes grandes e pequenos, e alterando seu posicionamento estratégico.[1]

O modelo das quatro fontes: Como TI melhora o desempenho dos negócios

- *Otimização:* Processos internos para a empresa são melhorados ou transformados através da automação. Embora a otimização seja tipicamente sobre melhorias incrementais nos processos, ela também inclui ações que substituem conjuntos inteiros de aplicações e processos.
- *Reformulação:* A automação é usada para alterar o modo como os clientes e parceiros interagem com a empresa, como eles trabalham com os produtos e serviços da empresa ou os níveis e tipos de serviços fornecidos. Essas reformulações podem ser grandes, como a integração da rede de fornecimento global, ou menores, como proporcionar aos clientes recursos de autosserviço que anteriormente eles tinham de solicitar através de um vendedor ou *call center*.
- *Informações internas:* As informações são fornecidas para o público interno para suportar a tomada de decisões relacionadas a questões operacionais específicas. As melhorias resultantes no desempenho podem ser visíveis para as partes externas, como os clientes e fornecedores, mas a informação em si normalmente não é.
- *Informações externas:* As informações são fornecidas diretamente para as partes externas, como os clientes e fornecedores, para realçar ou alterar a proposta de valor, relacionamentos ou operações da empresa.

Do mesmo modo, a Career Education Corporation, a empresa com crescimento mais rápido no setor de educação de adultos, conduziu uma iniciativa de otimização em 2001 para substituir dezenas de sistemas administrativos – o legado de uma estratégia de crescimento por aquisição – por um único sistema consolidado. As informações disponíveis do sistema consolidado criou oportunidades de informações internas e externas para melhorar dramaticamente a velocidade e precisão da tomada de decisão administrativa sobre as matrículas, presença nas aulas e empréstimos estudantis, para planejar melhor os locais lucrativos para novas escolas e proporcionar aos alunos informações atualizadas sobre custos, notas e empréstimos.[2]

Quando as oportunidades forem identificadas, explore as fontes do novo valor de TI

Embora a maior parte dos esforços de sua unidade de TI seja gasta cumprindo solicitações das várias partes interessadas na sua empresa, o fato de simplesmente cumprir ordens é uma armadilha do valor. Os executivos que proporcionam alto valor para suas empresas fazem mais do que cumprir ordens. Eles ajudam a moldar as solicitações das partes interessadas em formatos que sejam mais valiosos para a empresa. E eles sugerem novas iniciativas que proporcionam valor bem além do que as outras partes interessadas possam sugerir.

Uma vez que você tenha identificado as questões estratégicas e as oportunidades, como descritas no capítulo 4, você está na posição de moldar novas iniciativas. O *modelo das quatro fontes* é uma estrutura útil para esse propósito.

Vamos examinar cada uma das quatro fontes do novo valor de TI.

Otimização

As oportunidades de *otimização* giram em torno do uso de TI para dinamizar os processos através da automação ou consolidação. Por exemplo, na Intel, os técnicos de manutenção tiveram de ir e voltar do maquinário para uma tela verde enquanto faziam seus trabalhos. A equipe de TI da Intel desenvolveu um único aparelho portátil para reduzir o tempo e esforço envolvidos nessa manutenção. O aparelho móvel combinava várias aplicações em telas verdes e uma única interface móvel, dinamizando o fluxo de trabalho para os técnicos e melhorando o tempo de atividade do equipamento. Outras oportunidades de otimização existem nos processos manuais de automação (ou etapas dos processos), eliminando as etapas em um processo, proporcionando ajuda automatizada para tarefas manuais, ou substituindo os múltiplos sistemas de legados com uma nova plataforma dinamizada.

Para explorar as oportunidades de otimização, faça as seguintes perguntas:

- Quais são os processos que contribuem para as principais métricas de desempenho operacional para a empresa?
- Quais são as principais etapas nesses processos? Quem são as principais pessoas e funções envolvidas em cada uma dessas etapas?
- Como as medidas de tempos de ciclo e eficácia para esses processos se comparam com processos similares em outros locais na empresa ou em outras empresas?
- Quais são os obstáculos mais importantes que essas pessoas enfrentam?
- Podemos automatizar um ou mais processos de modo que isso reduza ou elimine um ou mais desses obstáculos?
- Podemos melhorar o processo ao eliminar etapas do processo ou torná-las mais fáceis?
- Dadas as metas de crescimento em receitas ou lucros da empresa e os requisitos implícitos de desempenho, quais novas capacidades nós poderíamos introduzir para a empresa ao melhorar ou consolidar os sistemas de informação existentes e processos de negócios?

As pessoas mais bem colocadas para fazer essas perguntas são aquelas envolvidas no processo e o pessoal de TI que diretamente dá suporte a elas. De fato, uma maneira certeira de gerar ideias otimizadoras é fisicamente encaixar o pessoal de TI nas unidades de negócios que recebem suporte.

Reformulação

As oportunidades de *reformulação* aprimoram o desempenho dos negócios ao alterar a maneira como os clientes e fornecedores interagem com a empresa, seus produtos e serviços. A reformulação inclui a redução de custos ao descarregar os processos internos para as partes externas, como oferecer aos clientes a possibilidade de autosserviço. Outras atividades de reformulação incluem facilitar a interação de processos por todos os setores da empresa; facilitar o trabalho dos clientes com a empresa ou suportar a empresa no trabalho com outras empresas. As iniciativas da cadeia de fornecimento do Walmart, por exemplo, fazem com que seus processos sejam mais eficientes ao exigir que os fornecedores usem os processos padrão.

Para entender as oportunidades de reformulação, faça as seguintes perguntas:

- Quais são os pontos problemáticos na maneira como nossos processos funcionam com as partes fora da empresa?
- Como podemos tornar mais fácil fazer negócios com a empresa?
- Como podemos melhorar nossos processos ao mudar a maneira como trabalhamos com as partes externas?
- Como podemos nos tornar mais valiosos para essas outras partes ao melhorar os processos *delas*?
- Consistente com os objetivos estratégicos amplos e requisitos de desempenho da empresa, quais maneiras novas podemos usar para engajar mais os clientes e parceiros no trabalho com nossa empresa?

Muitas oportunidades de reformulação são identificadas de maneira similar às oportunidades de otimização, mas envolvem partes interessadas internas e externas. Especialmente nos relacionamentos de terceirização dos processos de negócios e outras parcerias de alto nível, TI tem um papel importante nas operações dos clientes, e o executivo trabalha em conjunto com os clientes. Bud Mathaisel, em seu cargo como executivo e diretor de processos na Solectron, dedicou uma porcentagem de seu tempo a se reunir com clientes e fornecedores para que eles pudessem melhorar a colaboração. Na realidade, ideias que ajudam a esclarecer o modo como os negócios e seus clientes se engajam vêm de qualquer fonte, inclusive de analistas de negócios, de gerentes de relacionamento, de especialistas no atendimento ao cliente, de executivos das unidades de negócios e da empresa ou dos clientes e fornecedores em si.

Assim como a otimização, a reformulação geralmente envolve uma extensa reengenharia dos processos de negócios. Entretanto, ela pode ser bem mais difícil do que a otimização quando ela envolve a alteração de processos que são compartilhados entre várias organizações.

Informações internas

As oportunidades de *informações internas* surgem quando TI fornece informações que os funcionários da empresa podem usar para melhorar seu próprio desempenho. O Boston Red Sox credita um aplicativo inovador de informações às decisões sobre contratação e treinamento que ajudaram a equipe de beisebol profissional a ganhar sua primeira Série Mundial em 86 anos. O CapitalOne coloca as informações nas mãos de seu pessoal de marketing, juntamente com ferramentas fáceis de usar, para que eles possam conduzir milhares de experiências todos os anos na venda de novos produtos de crédito para vários segmentos de clientes.

Como mostra o exemplo, as informações internas não são simplesmente "jogar" informações para a empresa na esperança de que alguém possa usá-las. Elas são sobre a identificação de quem usará as informações específicas para um propósito específico com um resultado específico. Para identificar as oportunidades para informações internas, faça as seguintes perguntas:

- Quais executivos específicos ou cargos na sua organização – nomes e títulos – querem saber aquilo que não sabem agora?
- Quais questões essas pessoas resolverão quando receberem as informações?

- Que medidas eles tomarão quando as perguntas forem respondidas?
- Quais mudanças e consequências resultarão?
    - Os tempos de ciclos para as principais decisões mudarão, com impactos nos custos, nos riscos e nas receitas?
    - Os erros serão reduzidos ou a qualidade será realçada?
    - Os clientes perceberão uma diferença na receptividade ou qualidade?
    - As decisões sobre investimentos serão mais exatas, acarretando aumento na produção ou riscos mais baixos?
    - Haverá alguma outra consequência observável?
- Quais informações a nossa empresa reúne que não são bem usadas por outros processos? Quais outros processos poderiam usar esse conhecimento?
- Quais processos dependem de procedimentos operacionais padrão (SOP) ou julgamentos intuitivos quando decisões melhores poderiam ser tomadas com informações melhores?
- Quais processos que usam dados datados ou não integrados poderiam ser melhorados com informações em tempo real e integradas?

Perguntas como essas geralmente são mais bem respondidas pelos executivos encarregados de unidades específicas de negócios e (como sempre) pelos gerentes de relacionamento de TI designados para a unidade de negócios. Em muitos casos, os executivos têm pessoas em seu quadro de funcionários cuja responsabilidade é saber e entender os números que estão impulsionando os negócios. Essas pessoas podem não ter títulos exaltados, mas geralmente elas exercem influência significativa como conselheiros confiáveis. Temos visto casos em que essas pessoas, quando perguntadas sobre o valor de alguma informação específica, instantaneamente recitam uma estimativa sólida em dólares com base em um raciocínio lógico detalhado e preciso.

"Muitos de nós aprendemos que se você tentar trabalhar a partir da tecnologia, haverá muitas falhas. Mas se você começar com as decisões e falar sobre quais informações, e qual o momento oportuno, que seriam essenciais; isso sim irá funcionar."[3]

– Guido Sacchi, CEO, Moneta Corporation (ex-CIO, CompuCredit)

Informações externas

As *informações externas* são uma fonte poderosa de valor que poucas empresas encontraram maneiras de aproveitar. Ao fornecer aos clientes e fornecedores informações que outras empresas não conseguem proporcionar, você sela relacionamentos mais fortes com essas partes externas, proporcionando valor que vai além dos produtos e serviços que eles compram. Aqui estão alguns exemplos:

- A Progressive Insurance proporciona informações sobre os preços dos concorrentes assim como seu próprio preço, ajudando os clientes a se sentirem mais confiantes quando selecionam a Progressive como sua empresa de seguros.
- Empresas de bens de consumo embalados como a Procter & Gamble fornecem aos varejistas dados de venda por unidade de manutenção de estoque (SKU), permitindo que eles entendam melhor os padrões de compra em suas lojas.
- Os fabricantes de automóveis fornecem informações sobre produtos futuros e planos de produção para sua rede de fornecedores, permitindo que os fornecedores apostem em um trabalho novo, sugiram projetos de novos componentes ou ajustem seus próprios planos de produtos.
- Quando um incidente de segurança de TI afeta um cliente da Symantec, a empresa notifica os outros clientes que executam software similar que eles poderão ter uma vulnerabilidade.
- As empresas de serviços financeiros proporcionam informações aos clientes sobre seus portfólios em geral, assim como o desem-

penho de produtos que eles não possuem, permitindo que os clientes entendam como o desempenho de seus portfólios se compara e como eles podem ajustar seus ativos apropriadamente.

Para identificar oportunidades para *informações externas*, faça as seguintes perguntas:

- Quais são os resultados que os clientes buscam quando usam nossos produtos e serviços (ou os de nossos concorrentes)?
- Quais resultados os parceiros ou outras partes externas interessadas buscam quando negociam conosco?
- O que o cliente ou parceiro precisa saber para obter esse resultado? Nós, ou qualquer outra pessoa, fornecemos essas informações? Se não, podemos fornecê-las?
- Quais informações nós já temos que outros considerariam valiosas para suas tomadas de decisão?
- Podemos embutir informações diretamente em nossos produtos como uma ajuda funcional ou um auxílio na decisão? Podemos proporcioná-las através de nossa rede de valor?

Assim como as oportunidades de reformulação, questões como essas podem ser respondidas por uma ampla variedade de pessoas, dos clientes em si até qualquer um na empresa, cujo papel envolva o contato frequente com clientes e outras partes externas interessadas.

Não importa de onde venha uma ideia, ela deve ser bem analisada para determinar seu impacto no desempenho dos negócios, tanto nas melhorias operacionais quanto no impacto sobre os lucros e perdas (P&L). No capítulo 6, discutiremos a avaliação das oportunidades de investimento em mais detalhes.

Nenhuma abordagem única é a correta para todas as empresas o tempo todo

As quatro fontes do valor de TI não representam o modelo de maturidade, no qual se presume que o nível mais alto é o mais desejado.

Nenhuma dessas abordagens é intrinsecamente de valor mais alto do que as outras. As iniciativas externas não são, de certo modo, melhores porque elas se movimentam além dos limites da empresa. E as melhorias na tomada de decisões não são superiores às melhorias dos processos simplesmente porque elas geralmente ajudam os gerentes, em vez de os funcionários do nível mais baixo. Qualquer uma das abordagens para agregar valor por meio de TI poderá ser a abordagem correta para uma empresa específica, em uma época específica. Além disso, uma iniciativa em um quadrante poderá ser a fundação para muitas oportunidades no mesmo quadrante ou em quadrantes diferentes.

Os executivos deveriam tentar ajudar o negócio a obter o foco que ele precisa para usar a abordagem correta, tendo em mente que o executivo, na maioria dos casos, servirá como o agente da mudança, não o patrocinador. Selecionamos vários casos envolvendo os executivos que trabalham em tais negócios focados, sendo que cada um deles ilustra uma ou mais das quatro abordagens para produzir valor por meio de TI.

- *Otimização*: A equipe executiva da Broadcom quer que seu departamento de TI seja "como o ar" – elemento invisível que faz com que todo o resto funcione. Do mesmo modo, a equipe de TI da Broadcom foca taticamente na remoção de obstáculos ao desempenho eficaz para que os engenheiros e projetistas da Broadcom possam trabalhar mais rapidamente e mais eficazmente na criação de novos produtos interessantes que serão comercializados mais rapidamente do que a concorrência.
- *Informações internas*: A Sharp Healthcare usa informações para auxiliar os trabalhadores clínicos no diagnóstico e tratamento, melhorando a qualidade e os custos dos serviços através de dinâmicas de informação.
- *Reformulação*: A LFSCo (um pseudônimo para uma grande empresa de serviços financeiros) alimenta o crescimento ao continuamente expandir e melhorar a maneira como os clientes usam seus serviços.

- *Informações externas*: A DKSH usa TI estrategicamente, embutindo informações extremamente importantes para seus clientes em suas ofertas como uma maneira de diferenciar seus serviços dos serviços dos concorrentes na região da Ásia-Pacífico.

Essas empresas, e a maneira que elas usaram TI para aumentar a diferenciação competitiva, estão ilustradas na figura 5-2. Embora cada uma sirva como um exemplo de um dos quatro quadrantes, você perceberá em suas histórias que cada sucesso levou a oportunidades adicionais em outro quadrante. A habilidade de produzir mais valor vem da confiança e credibilidade construída mediante a produção de valor anterior. A seguir, as histórias por trás dessas empresas e seus executivos.

FIGURA 5-2

Usar TI para produzir o valor correto para a empresa

Fonte de valor	Interno	Externo
Melhora a tomada de decisões	**Sharp Healthcare** Usa a informação para dar suporte a diagnósticos clínicos precisos e em tempo real	**DKSH** Usa ofertas de informações para diferenciar os serviços de envio dos concorrentes na região da Ásia-Pacífico
Melhora os processos	**Broadcom** Elimina os bloqueios para que os engenheiros garantam produtos que cheguem primeiro ao mercado	**LFSCo** Expande e melhora o acesso dos clientes aos serviços

Escopo da mudança

Broadcom: Otimização faz com que TI seja "como o ar"

A Broadcom, fundada em 1991, é uma das maiores empresas de semicondutores do mundo, criando chips e software para comunicações fixas e sem fio. Seus clientes incluem Cisco, Nortel e Motorola, e a disciplina de liderança de mercado da empresa é o desenvolvimento de produtos. A empresa teve vendas de $3.67 bilhões no final de 2006, quando falamos pela primeira vez com o VP e executivo, Ken Venner; as vendas cresceram para $4.66 bilhões em 2008.

A Broadcom é um exemplo de como TI consegue aprimorar dramaticamente o desempenho e competitividade dos negócios, mesmo quando a tecnologia ou informação produzida pela equipe de TI não é um componente explícito dos produtos ou serviços da empresa. O que faz com que TI seja uma arma competitiva para a Broadcom é o entendimento claro de todos sobre como exatamente a empresa compete: através do rápido desenvolvimento de produtos extraordinários usando parcerias superiores.

Ken Venner entrou para a empresa como um executivo de reviravolta em 2000. Inicialmente, Venner focou em consertar o desempenho de TI – produzindo valor pelo dinheiro. "Primeiro, eu contratei pessoas realmente excelentes, realmente inteligentes", diz Venner. "Foquei em capacitar os clientes [internos da Broadcom] a fazer o que eles precisavam fazer. Eu coloquei o pessoal de TI em contato com seus clientes. Definimos os 80% das coisas rotineiras que o pessoal de TI faz como processos, para que pudéssemos minimizar tempo e esforço. Em seguida, comercializamos tudo como loucos, para que as pessoas soubessem o que estávamos fazendo e quisessem nos engajar."[4]

Tendo em mente o valor pelo dinheiro, Venner buscou oportunidades para otimizar o desempenho dos engenheiros que criam os produtos da Broadcom. "O que nos [TI] diferencia é que sintonizamos nosso ambiente para nossa comunidade de engenharia", diz Venner. "Produzimos toda a infraestrutura e ferramentas que eles usam para o projeto, produção e funcionalidade da cadeia de fornecimento do produto. Nossos aplicativos focaram profundamente em como nossos engenheiros trabalham de forma contínua ao redor do mundo. Os chefes de engenharia e eu examinamos blocos de esforços da engenharia com a intenção de reduzir o tempo, do conceito ao produto acabado." A mensuração da contribuição de TI para essa métrica não é precisa: "Eu sei que aumentamos nosso desempenho para o mercado, mas ainda não fizemos a correlação deste para os gastos com TI". Mesmo assim, as reduções no tempo de ciclo do desenvolvimento do produto em geral claramente se beneficiam da contribuição de TI, e a gerência vê os investimentos nesses termos.

A otimização não foi o único caminho para o valor dos negócios de TI da Broadcom. A Broadcom avança sua participação no mercado mediante parcerias estratégicas com os dois ou três dos principais fabricantes de equipamentos em segmentos atrativos da indústria. As parcerias são aprimoradas pelas abordagens de otimização das atividades internas e reformulação específica. As iniciativas da Broadcom, em 2006, incluíam a colaboração da cadeia de fornecimento com um grande cliente que exigia processos de negócios e mudanças em TI. O valor era estruturado de duas maneiras: ganhando acesso a um mercado estratégico através do cliente e ganhando novas receitas desse cliente. "A empresa imediatamente viu a oportunidade para este grande cliente tornar-se parte do nosso ecossistema da cadeia de fornecimento", diz Venner.

O valor de TI da Broadcom num relance

- *Principais resultados de negócios:* Alta qualidade do produto, desenvolvimento rápido do produto e tempo para o mercado, fortes relacionamentos com os principais OEMs.
- *Foco de TI: Otimização* para remover obstáculos táticos para a equipe de engenharia e reformulação para possibilitar as parcerias estratégicas.

"A responsabilidade pela produção de benefícios foi compartilhada entre o negócio e TI."

Ele acrescenta: "Ser capaz de trabalhar com os principais números um, dois ou três em qualquer mercado é uma métrica potente para toda nossa equipe executiva. Isso significa ter a mais alta qualidade e o tempo mais rápido para o mercado. Nossos parceiros potenciais nos pedem funcionalidades centrais ao redor da comunicação colaborativa e da gestão da cadeia de fornecimento". Essas funcionalidades centrais criam um ambiente no qual TI é como ar. A figura 5-3 mostra como a estratégia de TI da Broadcom se encaixa no quadrante de valor.

FIGURA 5-3

Fontes do valor de TI da Broadcom

Sharp HealthCare: Informações internas elaboradas sob a otimização da empresa

A Sharp é um provedor líder de assistência médica em San Diego, Califórnia. Em 2007 ela ganhou o prestigioso prêmio de qualidade nacional Malcolm Balridge, e o comitê de premiação citou o TI da Sharp como um contribuinte para o prêmio.[5]

A Sharp, fundada em parte através de filantropia, é uma empresa sem fins lucrativos com 14.000 funcionários, sete hospitais, três grupos médicos afiliados e a oferta de um plano de assistência médica. Segundo Bill Spooner, sênior VP e executivo, "Nosso tema básico é melhorar a satisfação do paciente ao melhorar a satisfação do médico e do funcionário. Nossos principais 'pilares de valor' são finanças, serviços, qualidade, pessoas (funcionários), crescimento e comunidade. Quando os pacientes saem sentindo que foram bem cuidados, acreditamos que o crescimento, as finanças e a comunidade cuidam de si mesmos".[6]

Além de seu recente prêmio Balridge, o site da Sharp na internet ganhou vários prêmios, e ela é um dos seis sistemas de assistência médica nos Estados Unidos que esteve na lista de prêmios de "os mais acessados" por todos os anos deste prêmio de Redes Hospitalares e de Saúde. Mas o orçamento de TI da Sharp não é agressivo. "Desde o final dos anos 90, buscamos a melhor estratégia do gênero para nossos aplicativos de TI," diz Spooner. "Não existem alternativas. Nenhum fornecedor consegue fazer grande parte das funções críticas. Mas nossa integração dos vários aplicativos não foi eficaz. Os médicos ainda precisavam acessar vários sistemas para obter seus dados", uma situação que não contribui para uma assistência médica eficiente e eficaz.

Em um projeto de otimização altamente estratégico, a Sharp substituiu seu ambiente de sistemas de informação poliglota por um conjunto integrado de produtos, o qual é chamado de Core Patient Care Project (Projeto Central de Assistência ao Paciente). Os resultados desejados do projeto incluem uma assistência melhor ao paciente, um ambiente de trabalho melhor para os médicos e enfermeiros, e modernização das instalações hospitalares para satisfazer a lei sísmica da Califórnia a qual exige que os prédios aguentem os terremotos. A consolidação melhorou os processos internos significantemente, como observado pelo prêmio Balridge. Mas ela também proporcionou oportunidades adicionais de valor.

Uma inovação do Core Patient Care Project ilustra como a Sharp usa as informações para melhorar a tomada de decisões dos médicos. O diagnóstico é uma das etapas mais importantes no tratamento. Geralmente, um diagnóstico correto logo no início do tratamento leva a resultados melhores para o paciente e custos mais baixos para o tratamento; um diagnóstico incorreto tem a tendência de produzir resultados ruins e custos altos. Os médicos diferem em suas habilidades diagnósticas, e qualquer médico consegue produzir diagnósticos de qualidade diversa dependendo de uma variedade de fatores pessoais e situacionais, como humor, fadiga, conhecimento, memória, sua familiaridade com as condições apresentadas pelo paciente, os modos e a aparência do paciente, e assim por diante.

Os computadores não têm essas fraquezas humanas. Quando alimentado com uma lista de sintomas e medidas, um computador compara os dados a um corpo de conhecimento enciclopédico, respondendo com a mesma variação de diagnósticos possíveis todas as vezes. Ao melhorar o julgamento humano com o julgamento da máquina – e informações internas para os médicos –, a Sharp dramaticamente melhorou a consistência e qualidade dos diagnósticos e, consequentemente, dos resultados e custos. A figura 5-4 mostra como a estratégia de TI da Sharp se encaixa nos quadrantes de valor.

FIGURA 5-4

Fontes do valor de TI da Sharp

Fonte de valor	Interno	Externo
Melhora a tomada de decisões	**Informação interna** Sustenta os diagnósticos com informações em tempo real	**Informação externa**
Melhora os processos	**Otimização** Maximiza a integração dos processos internos de assistência médica	**Reformulação**

Escopo da mudança

O valor de TI da Sharp num relance

- *Principais resultados de negócios:* Aumenta a satisfação do paciente ao aumentar a satisfação e capacidade dos médicos e funcionários. Seus "seis pilares" de valor: finanças, serviços, qualidade, pessoas (funcionários), crescimento e comunidade.
- *Foco de TI:* Integra os processos hospitalares e sistemas de informação para otimizar a eficiência e eficácia do pessoal de assistência médica; informações internas para maximizar a qualidade da tomada de decisão sobre a assistência médica.

LFSCo: Reformulação contínua através de TI

O valor mais visível de TI para a LFSCo vem da reformulação dos processos de clientes para o processamento de crédito. "Adicionamos valor aos comerciantes de quatro maneiras", diz o executivo. "Primeiro, deixamos o equipamento do ponto de vendas (PDV) sempre disponível na loja do comerciante todas as vezes que um cliente entra para usá-lo. Segundo, mitigamos os riscos do comerciante. Muito dinheiro na loja faz com que o comerciante seja um alvo, e cheques são um risco. Terceiro, os comerciantes conseguem antecipar o pagamento dentro de trinta dias conosco – mesmo dentro de 48 horas se eles precisarem. Quarto, nossos novos produtos atraem mais pessoas para suas lojas, e o comerciante recebe quando alguém usa o PDV em sua loja."[7]

O valor de TI da LFSCo num relance

- *Principais resultados de negócios:* Uso de PDVs para oferecer serviços confiáveis e aumentar a variedade de produtos e serviços para os comerciantes e seus clientes; uso da infraestrutura tecnológica e aplicativos para bater a concorrência na comercialização de novos produtos e serviços.
- *Foco de TI:* Operações contínuas e confiáveis de TI; redução contínua no custo por transação comercial, garantindo margens maio-

res ao mesmo tempo em que TI suporta o rápido crescimento dos negócios; aumento contínuo da produtividade de TI para reduzir o tempo para o mercado e os custos para os produtos e serviços inovadores.

Mas TI não consegue produzir valor apenas através de atividades externas. A otimização contínua também é essencial. Mesmo aqui, nesta empresa de serviços financeiros em franco crescimento, cuja gerência vê o potencial de TI como uma arma, a gerência presta muita atenção às operações de custo eficaz. A empresa espera que o custo de TI por transação de negócios decline, mesmo quando os custos absolutos de TI aumentam.

As conversas sobre os orçamentos de TI têm três dimensões: (1) os investimentos em TI necessários para dar suporte a novos produtos ou serviços; (2) os aumentos na capacidade de TI necessários para suportar o crescimento orgânico dos negócios; e (3) ferramentas para tornar a organização de TI mais produtiva – por exemplo, uma nova ferramenta de programação. Em uma empresa cujos custos relacionados a TI são 25% do orçamento geral, as melhorias na produtividade de TI têm um impacto direto nos custos de TI por transação de negócios. Porque a entrega de novos produtos e serviços é feita via a rede de PDVs, a produtividade de TI também tem um impacto direto no tempo para o mercado. Como diz o executivo:

> Estamos crescendo mais rapidamente do que nossos concorrentes, em parte porque distribuímos tecnologia mais agressivamente. Estamos lançando um novo produto com o qual as pessoas podem entrar em uma loja ou restaurante e pagar suas contas, como se elas estivessem em um banco, usando seu cartão de débito no nosso terminal de PDV. Além disso, 90 milhões de proprietários de celulares pré-pagos conseguem recarregar seus telefones usando os PDVs da LFSCo. Nossos concorrentes não conseguem fazer isso.
>
> TI contribui diretamente para nossa habilidade em competir. Somos questionados sobre os custos com novas ini-

ciativas, não sobre o valor. Eles nos perguntam: "Vocês conseguem fazer isso mais rapidamente, mais barato?". Ninguém nunca diz: "Não faça isso".

A figura 5-5 mostra como a estratégia de TI da LFSCo se encaixa nos quadrantes de valor.

FIGURA 5-5

Fontes do valor de TI da LFSCo

Fonte de valor	Interno	Externo
Melhora a tomada de decisões	**Informação interna**	**Informação externa**
Melhora os processos	**Otimização** Maximiza a eficiência e a eficácia do custo de TI	**Reformulação** Muda o comportamento do comerciante e dos clientes para com a rede de PDVs

Escopo da mudança

DKSH: Colocando as informações na proposta de valor

O provedor de serviços de expansão de mercado, DKSH, é um exemplo de uma tendência aparentemente crescente: o executivo cuja visão para a empresa envolve muita excelência em TI. Nesse caso, a expectativa de valor alto de TI já está presente, e o executivo apenas precisa produzi-lo. Foi isso que atraiu Dieter Scholosser quando ele entrou para a DKSH como VP de TI, vindo da DaimlerChrysler, em 2005. "Era muito animador ver como a alta gerência da DKSH estava comprometida com TI. Meu chefe emprega apenas pessoas excelentes em TI... e isso é o que define o rumo na organização para esta jornada."[8]

Como observado anteriormente, em 2005 o executivo VP sênior, Gonpo Tsering, decidiu padronizar as operações de negócios e criar um centro de serviços compartilhados, uma iniciativa suportada por uma transferência global do software de planejamento empresarial de recursos, SAP. Inicialmente, os colegas executivos de Tsering estavam céticos sobre essa iniciativa de otimização. Os negócios cresciam lucrativamente, e a maioria dos colegas antecipava mais riscos do que recompensas com essa grande mudança. Tsering percebeu que ele precisava focar em mais do que custos. "Eu disse ao nosso CEO que, ao centralizar TI, eu poderia provavelmente economizar 33%, ou mais", diz Tsering. "Mas não é disso que estamos falando. Estamos falando sobre a gestão de riscos, vantagem competitiva, padronização e harmonização, agilidade do modelo de negócios e em evitar o desperdício dos processos atuais."

O que ajudou foi que o VP sênior, e não o executivo de TI, estava vendendo esta mudança. "Eu tive de convencê-los de que um tubo de pasta de dentes e um relógio de luxo são essencialmente os mesmos em termos de processos de negócios", diz Tsering. "Esta era uma mudança de paradigmas, mas consegui convencer o CEO em aproximadamente 8 minutos, e juntos, em aproximadamente uma hora, conseguimos convencer o presidente." O argumento vencedor foi baseado nos riscos para os serviços atuais e no crescimento futuro em vez de os custos das operações atuais.

Em nossas entrevistas, Tsering e Schlosser enfatizaram o fato de que a DKSH, por estar no negócio de serviços, não poderia operar sem seu departamento de TI. "Se não tivéssemos o TI por mais de um dia, poderíamos fechar as portas", diz Tsering. A infraestrutura de consolidação e padronização poderia ser um grande passo para reduzir o risco de disponibilidade. Mas havia mais em jogo. Os dois senhores focaram também na padronização dos processos de negócios e aplicativos para reduzir os riscos em precisão e agilidade que um negócio em crescimento enfrenta.[9] De acordo com Schlosser, esse argumento foi convincente. "A diretoria acreditava que nossos alvos de crescimento apenas seriam alcançados com processos padrão e TI. Queríamos duplicar o que estávamos fazendo em nossos principais países, para oferecer o mesmo nível de serviços por toda a Ásia. TI foi nosso veículo instantâneo para fazer isso, e nosso capacitador para dar suporte aos negócios no futuro."

Além dos benefícios operacionais da otimização, uma fonte maior de valor foram as informações internas e externas, alcançadas através de um banco de dados em tempo real que Schlosser e sua equipe construíram sobre o mecanismo de serviços compartilhados. De acordo com Schlosser, "Eu achei que tínhamos de canalizar o fluxo de informações. Logo percebi que estava no caminho errado. Teríamos de canalizá-lo e torná-lo mais eficiente, mas tínhamos que construir sobre ele!". Tsering acrescenta:

> Você não faz a distribuição por 10 ou 20 anos com o mesmo fornecedor. Você está constantemente renegociando os contratos e terceirizando os negócios. É cômodo se movimentar pelo caixa. Qualquer um pode fazer isso, embora, é claro, você tenha de ter alta qualidade, administrar o inventário, cuidar das vendas perdidas, e assim por diante. O valor adicionado é a informação. O comportamento do consumidor e as informações de mercado são bastante convincentes. Por exemplo, na China, temos uma estrutura de filial, e direcionamos as equipes de vendas com base na localidade. Com as informações que mantemos no SAP, e sabendo quais equipes trabalham em qual local geográfico, podemos emitir relatórios comportamentais que descrevem o mercado, o comportamento do consumidor, os pontos de vendas. Muitos dos principais [grandes parceiros comerciais] não conseguem gerar esse tipo de informação por conta própria.

Com o levantamento de informações, oferecemos três coisas. Primeiro, informações de mercado – o que está vendendo e onde. Segundo, para as empresas que não querem fazer seus próprios depósitos de informações, nós damos a elas acesso ao nosso depósito de negócios. Por último, para as empresas que querem ferramentas analíticas, oferecemos acesso às ferramentas analíticas no depósito de negócios. Oferecemos 1.000 relatórios diferentes apenas na Malásia, 150.000 diariamente por toda a Ásia.

Tsering diz: "Se você tem processos certificados de classe mundial, totalmente documentados, com relatórios na ponta dos dedos, mais informações de mercado, isso é realmente poderoso. Coletamos essas informações, mas não as usamos no passado. Agora podemos usá-las". De acordo com a DKSH, sua implementação de conjuntos de ferramentas administrativas de informação do "depósito de negócios" do SAP é a segunda maior do mundo. A figura 5-6 mostra como a estratégia de TI da DKSH se encaixa nos quatro quadrantes de valor.

FIGURA 5-6

Fontes do valor de TI da DKSH

Fonte de valor	Interno	Externo
Melhora a tomada de decisões	**Informação interna** Melhora a previsão e o atendimento ao cliente através da informação	**Informação externa** Fornece informações de mercado para clientes grandes e pequenos
Melhora os processos	**Otimização** Padroniza as operações no nível mais alto de desempenho	**Reformulação** Maximiza a integração interna e externa das operações de distribuição

Escopo da mudança

O valor de TI da DKSH num relance

- *Principais resultados de negócios:* Excelência padronizada nas operações de logísticas por toda a empresa; alto valor agregado para os clientes com base no acesso às informações de mercado.
- *Foco de TI:* Automação da empresa para alcançar alta qualidade e ganhos de escala; uso de informações geradas de operações para oferecer relatórios de mercado e serviços de análises para os clientes.

6

Avaliar e Selecionar os Investimentos em TI com Transparência

Nos capítulos 4 e 5, discutimos a primeira parte do ciclo virtuoso: a identificação das necessidades. Neste capítulo, nos voltamos para a próxima etapa, investimentos transparentes. Em um processo de investimento transparente, as oportunidades encontram um processo de priorização bem definido para identificar as propostas vencedoras. O resultado do processo é um conjunto de iniciativas aprovadas para desenvolvimento (juntamente com uma lista de iniciativas rejeitadas ou deferidas).

Nem é preciso dizer que a escolha dos projetos corretos é tão importante para a produção do valor quanto a sólida execução na gestão do projeto. Em TI, como em finanças, nem todas as oportunidades são iguais, e os recursos disponíveis para investimentos são escassos. Escolhas devem ser feitas em todas as empresas. A única questão é como escolher. Existem duas maneiras para se tomar essas decisões. A primeira é usar um processo transparente e critérios claros para avaliação, a segunda é "mais algumas coisas".

"Mais algumas coisas" inclui basear sua decisão em políticas, intuição ou em uma série de abordagens menos rigorosas. Algumas dessas abordagens são mais ou menos aceitas por algumas empresas. Alguns líderes empresariais, como Steve Jobs e Richard Branson, têm a habilidade legendária de identificar grandes apostas que terão resultados positivos. A maioria das pessoas não tem isso. Com o tempo, as organizações que produzem os mais altos resultados com seus investimentos tendem a ser aquelas com métodos sólidos praticados sistematicamente. Certamente é assim que Warren Buffett faz. É também como fazem os executivos bem-sucedidos que estudamos.

Em um nível bastante básico, os processos de avaliação bem-sucedidos compartilham certas características. Eles são estruturados e transparentes. Eles funcionam de certa maneira todas as vezes, e a estrutura é bem entendida por todas as pessoas envolvidas, desde aqueles que submetem as propostas àqueles que tomam as decisões. Mesmo os processos de exceções são transparentes para todos. A base de um processo envolve os patrocinadores do projeto (1) que desenvolvem uma proposta formal, incorporando os requisitos estimados de benefícios, riscos e recursos, e (2) que submetem a proposta para aqueles que tomam as decisões, os quais selecionam os investimentos preferidos entre as propostas.

Em empresas mais avançadas, as propostas definem os benefícios em categorias específicas de desempenho dos negócios operacionais ou financeiros. O uso de categorias específicas assegura que as propostas serão comparadas com propostas semelhantes, o que permite que os patrocinadores do projeto realmente entendam como ajustar as iniciativas para produzir uma mistura mais atraente de benefícios e riscos. As propostas são classificadas por aqueles que tomam as decisões – talvez um único executivo sênior, mas geralmente um comitê – usando critérios de ponderação, com ajustes permitidos por uma série de motivos. Em processos eficazes, as propostas com as mais altas classificações nos critérios ponderados tendem a subir para o topo da lista de aprovados.

Na Intel, os patrocinadores de projetos se comprometem em fazer melhorias em uma ou mais das métricas de desempenho operacional ou "*value dials*" (indicadores de valor) (veja a tabela 6-1). Cada clique de um *value dial* tem um valor financeiro específico, como avaliado pela equipe financeira interna da Intel. O foco nos *value dials* permite que os gerentes se concentrem em medidas que possam ser prontamente avaliadas, e evitem as dificuldades que surgem quando os gerentes conseguem anexar suas próprias estimativas de valores em dólares aos benefícios do projeto.[1]

TABELA 6-1

O TI da Intel estabelece comparações e mede os retornos em várias categorias de desempenho dos negócios

- Dias de inventário
- Dias de recebíveis
- Redução na contagem de funcionários
- Produtividade dos funcionários
- Rotatividade de funcionários
- Descontos nos materiais
- Precaução de hardware e software de capital
- Precaução de custos por unidade e outros
- Tempo em atividade da fábrica
- Redução de sucata
- Precaução riscos
- Tempo para o mercado
- Abertura de novos mercados
- Otimização de mercados existentes
- Vendas cruzadas
- Escolha de fornecedor

Fonte: "It's the Metrics That Matter", *Intel Premier IT Magazine*, 2007.

Resumindo, os mecanismos eficazes de priorização são definidos em termos de responsabilidades, processos e critérios para a tomada de decisões. Porque o projeto é definido, ele pode ser melhorado, o que significa que as organizações tomam decisões melhores com o passar do tempo. E porque ele é transparente, todos aprendem por que as decisões são tomadas e como interpretar seus papéis de modo eficaz.

A primeira etapa no processo é criar uma proposta que descreva os benefícios, custos e riscos usando categorias de benefícios pré-definidas. É fundamental estimar os benefícios que um investimento produzirá (se tudo for bem), portanto vamos começar aqui nossa discussão sobre avaliação.

Administrar, fazer crescer e transformar para focar nos benefícios corretos

A primeira questão a ser respondida na avaliação de uma iniciativa proposta é esta: exatamente como, e quanto, o investimento afetará e melhorará o desempenho dos negócios? Nenhum único projeto provavelmente produz todo tipo possível de melhorias no desempenho. Na realidade, um erro comum feito pelas organizações de TI em justificar certos tipos de iniciativas, como aprimoramentos na infraestrutura, é tentar mostrar que tais investimentos produzem todo tipo concebível de benefício, desde a redução de custos ao aumento nas vendas, mesmo quando a conexão com as vendas e receitas é tênue e não quantificável. Por exemplo, como um novo *firewall* produzirá valor para a empresa? Algumas organizações de TI tentariam dizer que o firewall produzirá receitas porque os clientes provavelmente farão mais negócios com a empresa através da internet, embora seja difícil explicar como e quando os clientes consideram o *firewall* da empresa ao tomarem suas decisões de compras.

Não é necessário ligar um novo *firewall* à receita para mostrar que ele tem muito valor, nem tudo que tem valor produz receitas. (Auditorias têm valor, e as empresas pagam muito por elas, mas elas não produzem receitas.) Saber onde procurar os benefícios lhe ajuda a evitar certas dificuldades e, para este fim, geralmente é útil classificar as iniciativas ao apontar para os tipos específicos de melhorias no desempenho dos negócios.

Um modelo desenvolvido no início do ano 2000 por Louis Boyle no Meta Group, e em uso crescente por conselheiros como Gartner e McKinsey, oferece uma maneira voltada para os negócios de categorizar os investimento em um nível alto.[2] Esse modelo classifica os investimentos como tendo um de três propósitos: administrar, fazer crescer ou transformar os negócios. Cada classificação implica em tipos diferentes de benefícios.

Investimentos para administrar os negócios

Os investimentos para *administrar os negócios* são sobre a capacitação de serviços essenciais, não diferenciados, que tenham o equilíbrio desejado entre custo e qualidade. Os benefícios são medidos em termos de riscos reduzidos, índices de preço para o desempenho e riscos. Exemplos de funções para administrar os negócios para a maioria dos negócios incluem auditoria, folha de pagamento e conformidade com a regulamentação. Do lado de TI, os exemplos incluem a maioria dos investimentos em infraestrutura, a maioria dos gastos com a segurança de TI e a maioria dos gastos com as operações de TI.

Os investimentos para administrar os negócios não produzem receitas. Eles são essenciais para permanecer em operação, mas na maioria dos casos não diferenciam os negócios. As exceções incluem casos em que os clientes começam a perceber uma função para administrar os negócios como um diferenciador, como parece ser o que está acontecendo agora com as iniciativas "verdes" (ambientais) e que aconteceu recentemente com a gestão de risco e segurança de TI nas indústrias de serviços financeiros e de internet.

Como observado anteriormente, muitos executivos lutam para justificar os investimentos em infraestrutura, mas em termos de administrar os negócios, o caso geralmente é direto. Primeiro, a função é essencial e geralmente não precisa de justificativas em si (por exemplo, a organização agirá em conformidade com a lei Sarbanes-Oxley de uma maneira ou de outra.) embora o nível de desempenho exigido possa variar (quanto deverá estar em conformidade?). Segundo, o investimento proposto produzirá o melhor preço possível para o nível exigido de desempenho (por exemplo, custa muito menos aprimorar os sistemas em cinco anos do que empregar um exército de auditores caros anualmente). Os benefícios de preço para o desempenho, como esses, geralmente são calculados de maneira fácil e precisa. O caso da InsComp, como veremos mais adiante neste capítulo, nos proporciona um exemplo.

Investimentos para fazer crescer os negócios

Os investimentos para *fazer crescer os negócios* são sobre as melhorias nas operações e no desempenho relacionados aos mercados existentes da empresa e aos segmentos de clientes. O valor de tais investimentos poderá ser medido em termos de melhorias no desempenho operacional, tal como o tempo de ciclo ou a qualidade melhorada, ou em termos financeiros, como a redução nos gastos de capitais, aumentos nas receitas e margens ou redução nas despesas gerais e administrativas. Os exemplos incluem a abertura de um novo canal de relacionamento social ou de internet para as vendas e serviços de linhas de produtos existentes, ou a eliminação de 10% dos custos para conduzir uma transação importante de negócios. Quando você está falando sobre melhorias nos lucros ou serviços para os clientes, na maioria dos casos você está falando sobre fazer crescer os negócios.

Investimentos para transformar os negócios

Os investimentos para transformar os negócios são sobre os novos mercados, novos produtos, novos clientes – em outras palavras, novos horizontes para a empresa, e talvez para todo o setor. Tais investimentos são medidos na participação prospectiva de mercado e receitas em mercados totalmente novos. Esses investimentos geralmente envolvem grandes recompensas e altos riscos. Eles podem mudar o futuro da empresa, e mesmo do setor, quando são bem-sucedidos, ou fazer um grande buraco no chão quando eles fracassam. A Apple mudou seu próprio curso, e o da indústria da música, com o iTunes; a Motorola perdeu bilhões de dólares e uma quantia enorme de oportunidades alternativas quando o projeto Iridium fracassou.[3]

Gostamos de ver que a palavra *transformar* é muitas vezes usada nos negócios para descrever muitas iniciativas que seriam classificadas como projetos para fazer crescer os negócios. Nesse esquema de classificação, por definição, iniciativas transformadoras envolvem novos mercados, novos segmentos de clientes e novas propostas de valor, e não simplesmente margens ou lucros melhorados. Por exemplo, a "transformação" de uma rede de suprimentos, que produz 40% de aumento na produção, 30% de redução em custos com 20% de melhorias em qualidade, é uma iniciativa para fazer crescer os negócios, e não uma transformação.

Administrar, fazer crescer e transformar apontam para tipos específicos de benefícios

Essas classificações não são um fim em si. Administrar, fazer crescer e transformar não são benefícios; eles simplesmente apontam para os tipos de melhoria no desempenho que devem ser esperadas de uma iniciativa e, assim, mostram onde você procura os benefícios. Se você disser: "Esta é uma iniciativa para fazer crescer os negócios", ainda assim é necessário dizer exatamente *como* a iniciativa fará crescer os negócios. Ela aumentará as margens para uma linha principal de negócios? Se sim, como – reduzindo os custos ou aumentando as receitas mais rapidamente do que os custos? A iniciativa aumentará a participação no mercado? Se sim, em quais segmentos de clientes, em quais mercados, por quanto? Ela afetará as medidas intangíveis de valor, como a satisfação dos clientes, que basicamente se traduzem em retenção de clientes e consequentemente em receita? Se sim, como o valor será medido?

A tabela 6-2 resume alguns benefícios que podem ser encontrados para cada uma dessas classes de investimento.

Como exemplo do modo que essas categorias ajudam a esclarecer os investimentos, considere a InsComp (um pseudônimo), uma subsidiária de uma empresa global de serviços financeiros baseada na Ásia, com mais de 50 milhões de clientes e $50 bilhões em receitas em 2004, dos quais a InsComp contribuiu com 8%. A InsComp classifica os projetos de três maneiras: pequeno/informal, voltado para os benefícios ou voltado para os "custos". O executivo da InsComp diz que "cada projeto é tratado como um projeto de negócios". Porém abordagens diferentes de benefícios são empregadas para tipos diferentes de projetos.

TABELA 6-2

Onde procurar valor

Tipo de investimento	Benefício
Administrar os negócios	Desempenho de preço, redução de risco para serviços essenciais não diferenciados que não se conectam a receitas específicas.
Fazer crescer os negócios	Aumento nas receitas, redução nas despesas, aumento no valor para os clientes em mercados existentes e segmentos de clientes.
Transformar os negócios	Receitas potenciais e participação de mercado em novos mercados com novos segmentos de clientes e propostas de valor.

- *Projetos pequenos* são orçados em menos de $20.000 e são financiados pelas unidades de negócios. Eles são administrados menos formalmente do que os projetos maiores, o que significa que os benefícios de identificação e rastreamento são menos rigorosos. Mas pelo fato de serem financiados diretamente pelas unidades de negócios, os proprietários dos negócios têm o incentivo de garantir que eles realizem benefícios.

- *Projetos de custo* são iniciativas que devem ser feitas como um custo em se fazer negócios, como projetos de administração, de conformidade com o regulamento e alguns projetos de infraestrutura. (*Projeto de custo* é o termo que a InsComp usa para as iniciativas de administrar os negócios.) Esses projetos são normalmente financiados pelo orçamento de TI. Porque não se espera que eles contribuam diretamente com os lucros, os projetos são priorizados e medidos em critérios de preço pelo desempenho: até onde eles cumprem um requisito obrigatório dentro de um custo razoável e limites de risco. "Tínhamos um projeto difícil em torno das novas regulamentações nacionais de privacidade", diz o executivo. "Ele foi classificado como um projeto de custo. As escalas de tempo eram bastante apertadas e os regulamentos bastante sombrios no início. Tínhamos que continuar e repetidamente ajustar o escopo, os recursos e o orçamento contra o nível de conformidade, equilibrando os esforços necessários contra a quantidade de risco residual com o qual estávamos preparados para conviver. No final, entregamos talvez a melhor solução, com um equilíbrio entre a mitigação apropriada do risco e o custo."

- Espera-se que os *projetos de benefícios* melhorem as margens e os lucros ao produzir receitas mais altas ou custos mais baixos para a empresa – iniciativas para fazer crescer os negócios. Esses investimentos são agregados e priorizados com base no valor como medido pelo valor presente de lucros futuros e novas contribuições dos negócios – duas medidas comumente usadas

> para o desempenho do investimento na indústria da InsComp. Os projetos são ordenados em fases pequenas para maximizar o rastreamento de despesas e benefícios. "O maior desafio é fazer com que o patrocinador do negócio cristalize os requisitos dos negócios", diz o executivo. Uma história de sucesso foi um sistema de diretoria principal (*lead management*) para a equipe de vendas, o qual começou com um protótipo de $50.000. O protótipo foi muito bem recebido, e a InsComp investiu mais $200.000 no desenvolvimento de uma versão para a produção. Depois de seis meses em produção, o projeto produziu benefícios de negócios mensuráveis cinquenta vezes maiores do que o investimento.

Após a InsComp lançar um projeto, este é reavaliado continuamente para garantir progresso em tempo oportuno contra as metas e a visibilidade continuada dos benefícios. "Eu acredito em uma boa gestão de projetos... o fruto da boa gestão de projetos é a habilidade de se ajustar quando as coisas mudam", diz o executivo.

Administrar, fazer crescer e transformar são aplicáveis às organizações do setor público assim como às do setor privado. No setor privado, "fazer crescer" e "transformar" referem-se aos mercados e lucros; no setor público, "fazer crescer" significa expandir o escopo (ampliando a definição daqueles que recebem os serviços), profundidade (redefinir quão extensamente eles são servidos) ou qualidade da missão. "Transformar" significaria basicamente alterar a natureza da missão – por exemplo, ao canalizar a exploração de recursos públicos para preservar esses recursos. A figura 6-1 mostra objetivos, facilmente traduzidos em métricas, desenvolvido por Kamal Bherwani, executivo para serviços de saúde para a Cidade de Nova York, e sua equipe em conexão com a iniciativa Conecte da HHS. A Conecte da HHS tem por objetivo melhorar o serviço de saúde e do constituinte ao ajudar cada nova-iorquino a obter acesso a todos os serviços de saúde para os quais ele é elegível, através de uma única fonte integrada.

FIGURA 6-1

Objetivos para os Serviços de Saúde, Cidade de Nova York

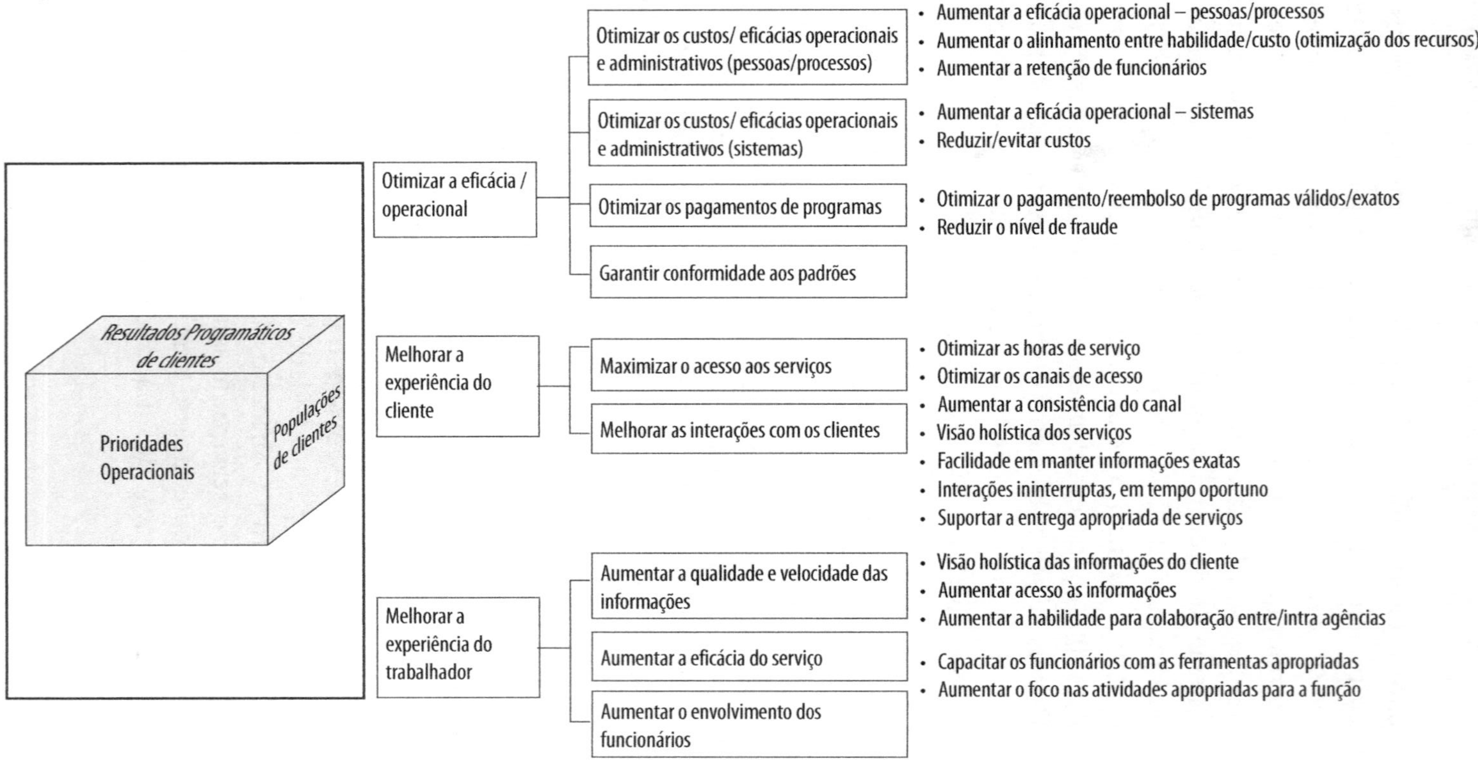

Fonte: Adaptado da Cidade de Nova York, © 2008. (Usado com permissão.)

Estimar os benefícios tangíveis e intangíveis

Os benefícios mais significativos são aqueles que podem ser medidos, e a distinção mais importante que fazemos aqui é entre os benefícios *tangíveis* (cujo impacto pode ser medido em termos financeiros) e os benefícios *intangíveis* (cujo impacto pode ser medido apenas em termos operacionais, se puderem ser medidos). Um teste simples é se o benefício em questão pode ser mostrado em uma demonstração de resultados (P&L). Se sim, este é um benefício tangível. Se não, ele é um benefício intangível. "Intangível" não significa sem valor, e sim que um patrocinador precisa explicar exatamente como uma melhoria no desempenho dos negócios será medida. Observe que conceitos como "agilidade" são benefícios extremamente intangíveis, a menos que eles possam ser ligados ao desempenho da empresa em termos de velocidade, risco e custo envolvidos em certas atividades específicas, tal como integrar companhias adquiridas à empresa.

Mas tenha muito cuidado com os benefícios intangíveis, cuja quantificação depende de métricas que nunca foram referenciadas. Muitas empresas estão atualmente experimentando com estratégias de canais de comunicação da "computação social", os quais são baseados nos conceitos e tecnologias da Web 2.0. Os benefícios frequentemente citados para esses aplicativos incluem a colaboração realçada, trabalho em equipe e resolução de problemas, os quais discutivelmente levam à produtividade melhorada. Mas na maioria das empresas, é quase impossível medir as melhorias nestes tipos de desempenho, uma vez que algumas organizações (se houver alguma) têm uma linha de referência para essas atividades. Um argumento mais provável para experimentar tais tecnologias é que elas são os canais preferidos para certos segmentos de clientes ou funcionários – um benefício que é medido em termos de comportamento.

Suspeite especialmente de argumentos do tipo "Este aplicativo reduzirá o tempo gasto com isso em vinte minutos por dia." Os gerentes experientes sabem que nunca verão esses vinte minutos chegar aos resultados finais. Por contraste, a satisfação dos clientes é um benefício intangível que pode ser medido em termos de *net promoter scores (NPS)* ou outras métricas voltadas para a pesquisa que são prontamente quantificáveis ou comparáveis por todas as empresas.[4] Em algumas empresas, existem regras empíricas que podem ser usadas para traduzir alguns benefícios intangíveis em benefícios financeiros – por exemplo: "Para cada 5% de aumento em nosso NPS, o histórico mostra que podemos esperar um aumento de 3% em vendas e um aumento de 10% na retenção de clientes". Se sim, a tradução pode ser embutida no P&L.

Os projetos produzem benefícios de maneiras diferentes, mas em uma abordagem voltada para os investimentos, os benefícios de *todos* os projetos devem ser identificados e priorizados antes deste começar. Em muitas empresas, projetos pequenos têm a tendência de serem aprovados com pouca formalidade e enviados para produção sem muito alarde. Sob essas condições, é fácil para que todos aqueles envolvidos façam o trabalho sem realmente entender qual valor o trabalho deveria, ou deve, produzir.

Muitas organizações de TI têm um patamar financeiro para projetos abaixo dos quais um processo de priorização canalizado ou *ad hoc* é usado. Se este é o caso em sua organização, certifique-se de que o investimento agregado dos recursos de TI para todos esses projetos seja uma porcentagem pequena de todos os recursos disponíveis para investimento em TI. Investir demais em projetos pequenos sem supervisão significa que a empresa está evitando a responsabilidade pelos retornos sobre os investimentos em TI. Em qualquer um dos casos, se grande parte do portfólio geral é dedicada a projetos cujos benefícios propostos não são totalmente claros, TI cairá na armadilha do valor da visibilidade: o valor de TI será menos visível, uma vez que os benefícios dificilmente serão visíveis.

Os executivos e os patrocinadores de projetos estão adequadamente cientes dos riscos de execução de projetos grandes. É importante lembrar que mesmo quando os riscos de execução são baixos, como eles os são na maioria dos projetos, a realização (e reconhecimento) de valor não está, de maneira alguma, assegurada.

Conectar o investimento em TI à demonstração de resultados

A conexão mais clara entre os investimentos em TI e financeiros – e a mais útil em estruturar as discussões sobre onde investir – é a conexão com a demonstração de resultados (P&L).

Este formato está claramente indicado no exemplo hipotético da figura 6-2, o qual foi literalmente tirado de uma apresentação pública feita por Sam Coursen em fevereiro de 2008. De acordo com Coursen – "Você não pode aumentar o ROI, mas pode aumentar o P&L" –, esta abordagem é especialmente útil para mostrar o impacto dos investimentos em TI no desempenho dos negócios entre várias unidades de negócios e com o passar do tempo (neste caso hipotético, para o período de 2008-2014). O P&L cristaliza o valor em termos que todos os líderes das unidades de negócios reconhecerão instantaneamente. É uma ótima ferramenta para estruturar as discussões em torno de quais investimentos em TI fazem mais sentido para a empresa.

Cada fileira nessa declaração descreve o impacto geral nas finanças de um projeto específico durante o período de tempo especificado. As colunas mostram a taxa interna de retorno (TIR), o retorno financeiro (tempo de recuperação do investimento inicial), o valor presente líquido (VPL), o aumento na margem de receita bruta, a redução nas despesas brutas, a redução nas despesas operacionais e a redução nas despesas com capital de giro. Juntos, esses itens proporcionam um quadro abrangente dos resultados financeiros para cada projeto pelo período de investimento. Os projetos podem ser facilmente comparados em qualquer uma das várias bases para o impacto financeiro. Esta comparação é útil quando, por exemplo, há uma mudança na importância relativa para os negócios do aumento nas receitas ou redução nas despesas, os quais afetam as decisões de priorização.

FIGURA 6-2

Um exemplo hipotético do impacto dos investimentos em TI no P&L

Projetos	Métricas financeiras			Impacto dos Negócios no P&L (2008-2014)			
Nome do Projeto	TIR	Retorno financeiro	VPL ($M)	Aumento na Margem de Receita Bruta	Redução nas Despesas Brutas	Redução nas Despesas Operacionais	Despesas com Capital de Giro
Projeto 1				$ 58.400	$ -	$ -	$ -
Projeto 2				$ -	$ 113.100	$ -	$ -
Projeto 3				$ -	$ 6.288	$ 2.695	$ -
Projeto 4				$ 10.146	$ -	$ -	$ -
Projeto 5				$ 12.950	$ -	$ -	$ -
Projeto 6				$ -	$ -	$ -	$ -
Projeto 7				$ 8.000	$ -	$ -	$ -
Projeto 8				$ -	$ -	$ 1.764	$ -
Projeto 9				$ 857	$ 50.889	$ 138.879	$ 13.972
Projeto 10				$ -	$ 630	$ 1.058	$ -
Projeto 11				$ -	$ -	$ -	$ -
Projeto 12				$ -	$ -	$ -	$ -
Projeto 13				$ -	$ -	$ -	$ -
Projeto 14				$ -	$ -	$ 450	$ -
Projeto 15				$ -	$ -	$ -	$ -
Projeto 16				$ -	$ -	$ -	$ -
Projeto 17				$ -	$ -	$ -	$ -
Subtotal				$ 90.353	$170.907	$144.846	$ 13.972
Total de Benefícios do P&L					$420 M		

Fonte: Sam Coursen, Freescale Semiconductor, apresentação na indústria, fevereiro de 2008. (Usado com permissão.)

Está claro que esta declaração de P&L contém muitas informações resumidas. A Freescale Semiconductor usa uma ferramenta intermediária chamada *demonstração do impacto nos negócios* para reunir informações que são então resumidas para o P&L. Essa ferramenta é mostrada na figura 6-3.

FIGURA 6-3

Declaração do impacto nos negócios da Freescale Semiconductor

Modelo do Impacto nos Negócios

Ano Inicial (AAAA) 2008

$ Milhares

Capital do Projeto	Ano 1	Ano 2	Ano 3	Ano 4	Ano 5	Comentários:

Total de Despesas com Depreciação do Projeto	0.0	0.0	0.0	0.0	0.0	Depreciação do capital do projeto

Despesas Não-Capital do Projeto	Ano 1	Ano 2	Ano 3	Ano 4	Ano 5	Comentários:
Total de Despesas Não-Capital do Projeto	0.0	0.0	0.0	0.0	0.0	

Benefícios do P&L (apenas benefícios quantificáveis)	Ano 1	Ano 2	Ano 3	Ano 4	Ano 5	Comentários:	Tipo de benefício
Lucro Bruto sobre Receitas Incrementais							
Lucro Bruto ($) sobre Receitas Incrementais	0.0	0.0	0.0	0.0	0.0		
Total de Lucro Bruto ($) sobre Receitas Incrementais	0.0	0.0	0.0	0.0	0.0		
Benefícios do P&L (apenas benefícios quantificáveis)	Ano 1	Ano 2	Ano 3	Ano 4	Ano 5	Comentários:	Tipo de benefício
Custo Bruto Reduzido							
Redução na margem bruta de custos	0.0	0.0	0.0	0.0	0.0		
Total de custo bruto reduzido	0.0	0.0	0.0	0.0	0.0		
Benefícios do P&L (apenas benefícios quantificáveis)	Ano 1	Ano 2	Ano 3	Ano 4	Ano 5	Comentários:	Tipo de benefício
Custo Bruto Reduzido:							
Despesas operacionais reduzidas:							
Redução nas despesas de SG&A	0.0	0.0	0.0	0.0	0.0		
Redução nas despesas de SG&A	0.0	0.0	0.0	0.0	0.0		
Total reduzido de despesas operacionais	0.0	0.0	0.0	0.0	0.0		
Benefícios do P&L (apenas benefícios quantificáveis)	Ano 1	Ano 2	Ano 3	Ano 4	Ano 5	Comentários:	Tipo de benefício
Custo reduzido do capital de giro							
Custo reduzido do capital de giro	0.0	0.0	0.0	0.0	0.0		
Total de custos reduzidos do capital de giro	0.0	0.0	0.0	0.0	0.0		
Benefícios totais do projeto	0.0	0.0	0.0	0.0	0.0		

Fluxo de caixa líquido	0	0	0	0	0
Fluxo de caixa cumulativo	0	0	0	0	0
Total do Impacto no P&L Líquido	0	0	0	0	0
Custo de Capital	0				
Valor Presente Líquido	0				
Taxa Interna de Retorno (TIR)	0				
Período de Retorno do Investimento	N/A				

Fonte: Sam Coursen, Freescale Semiconductor. (Usado com permissão.)

Observe que esta ferramenta inclui colunas que permitem fatores contribuintes para o P&L para certo projeto – como receitas, despesas com depreciação e redução no custo do capital – que são registrados ano após ano e linha por linha (na eventualidade de o programa contribuir para a redução no SG&A de várias maneiras), e resumidas mais adiante no P&L. Essa ferramenta é um guia para o cálculo detalhado de benefícios financeiros e para os documentos de *due-diligence* (devida diligência) que permitem que as suposições sejam rastreadas para a fonte. Pelo fato de os projetos serem avaliados ano após ano nesse formato, é especialmente útil trabalhar a forma de retornos com o passar do tempo, e não apenas a soma para um período de tempo específico. Se assim o desejar, a forma dos retornos comparados aos custos pode também ser mapeada em um gráfico, embora ainda não a tenhamos representado aqui.

Estabelecer critérios claros para investimento

Até agora, discutimos as ferramentas que os executivos e os patrocinadores de iniciativas podem usar para identificar e avaliar o valor que suas ações proporcionarão (presumindo que as estimativas sejam precisas e que tudo saia bem). Mas em muitas empresas, a avaliação não é o desafio mais difícil para a priorização eficaz dos investimentos em TI; em vez disso, o desafio está nas prioridades conflitantes e demandas das unidades de negócios.

TI é um dos dois recursos (juntamente com dinheiro) que geralmente são proporcionados na maioria das empresas a partir de um grupo único de recursos. Na ausência de uma declaração clara de prioridades que substitua os interesses de unidades de negócios específicas, é difícil ou impossível priorizar eficazmente os interesses competitivos.

Em outras palavras, esperar que os chefes das unidades de negócios subordinem suas prioridades à de outras pessoas é razoável apenas quando há um processo transparente de investimento que aloca recursos para os projetos mais importantes na empresa, através de um processo conjunto de tomada de decisão claramente estruturado. Caso contrário, como nos disse um executivo, "Neste tipo de ambiente, a pessoa que ganha é muitas vezes aquela que fala mais alto ou que tem os argumentos de vendas mais convincentes, não aquelas que mais merecem o dinheiro, e é isso que queremos evitar".

Em nossa pesquisa, vimos várias abordagens praticáveis para o desenvolvimento de um processo transparente de investimento.

- A equipe sênior estabelece alvos amplos para investimento – por exemplo, ao declarar que o crescimento em uma linha específica de negócios, ou redução de despesas por todas as unidades de negócios, é a prioridade mais importante por ora. Uma variação dessa abordagem é quando a gerência sênior subdivide o orçamento de investimentos antecipadamente de acordo com as prioridades estratégicas. Sob o então executivo, Joe Antonellis (hoje vice-presidente), a State Street Corporation alocou fundos de cima para baixo, destinando uma porcentagem específica do orçamento para cada unidade de negócios ou função, ao mesmo tempo reservando um fundo para infraestrutura da empresa.

"Aproximadamente 5 anos atrás, o CEO começou a reunir os principais lideres de UN (unidades de negócios) para promover sinergias pelas UNs. À medida que as sinergias emergiam, tornou-se mais aparente que estávamos investindo em sistemas duplicados, principalmente em TI. Foi uma grande mudança. Cada UN deixou de ser proprietária de seus próprios sistemas e passou a perceber que havia grandes sinergias que poderiam ser obtidas. Foi quando TI começou a aparecer na mesa do CEO."

– Randy Spratt, executivo, McKesson

- Uma parte imparcial nomeada pela gerência sênior – talvez um comitê de governança – classifica as iniciativas de acordo com critérios claros, após isso as iniciativas priorizadas são revistas pela equipe sênior e reponderadas quando necessário. A Intel tem um processo sistemático para classificar os projetos numericamente em toda a empresa. Os projetos são priorizados não apenas sobre os retornos financeiros em potencial, mas também sobre um alinhamento estratégico e comparação com os padrões e políticas de TI da empresa.

- As iniciativas são classificadas pelos gerentes seniores e o executivo em discussões desconectadas e formalmente aprovadas em uma reunião executiva mais pública. Essa abordagem tem o benefício de reduzir as contínuas brigas políticas internas e dinamizar o processo. Na Celanese, o executivo negocia as prioridades uma por uma com cada chefe de unidade de negócios antes das reuniões do comitê operacional em toda a empresa.[6]

Um processo de investimento transparente não precisa deixar todos felizes. Na realidade, é uma certeza virtual que, até onde os recursos da empresa são limitados em comparação com as propostas de investimentos, alguém ficará decepcionado. O que é mais importante é que, independentemente do processo de investimento usado, existe clareza a respeito das regras e decisões. Esta prática garante o aumento na satisfação com as decisões e uma redução na tentativa de brincar com o sistema. Uma medida útil para saber quão bem o processo de investimento da empresa está funcionando é estimar a porcentagem de expectativas que ocorrem através de canais formais. Se você e seus colegas conhecem a maioria das exceções e os motivos de elas existirem, então seu processo provavelmente está funcionando bem. Mas se você descobrir as exceções apenas após o fato, então há um buraco em algum lugar em seu processo.

Sam Coursen, da Freescale Semiconductor, leva isso ao pé da letra. Ao elaborar sobre sua experiência na NCR, ele implementou um processo claro para financiar e medir cada projeto em seu novo empregador.

> Temos um modelo de negócios bastante estruturado em que todo projeto de TI tem de expor os custos e os benefícios do programa. Esta é a inovação da Intel; eles rigorosamente identificaram cada categoria de benefícios de negócios que pudes-

se existir. Eles mapeiam os projetos de TI para essas categorias e rastreiam para ver se eles obtiveram os benefícios.

Na NCR, essa cultura foi enraizada com o passar do tempo. Cada projeto de TI, que excedia certa quantia em capital, passava pelo processo de planos de negócios, em que cuidadosamente identificávamos os benefícios e custos e os transformávamos em impacto no P&L por ano. Por exemplo, o ano 1 poderá ter um impacto negativo no P&L, e depois ser positivo. Você pode aumentar todo o impacto no P&L para um determinado ano. Você não pode aumentar o ROI, mas pode aumentar o P&L. Assim sendo, você pode dizer ao chefe de uma unidade de negócios: "Estamos gastando $20 milhões este ano, mas você verá um impacto de $100 milhões no P&L". Desse modo, o pensamento cultural passa a ser que nós não simplesmente realizamos projetos porque eles são divertidos, mas sim porque eles têm um impacto no P&L.

Você calcula as estimativas. Após o programa ser completado, volte e estime o que você realmente acredita que irá obter agora. Algumas vezes, você faz uma auditoria. Com o passar do tempo, você fica bom em fazer estimativas. Assim, você desenvolve uma cultura de gestão do valor dos negócios. Nós tínhamos essa cultura na NCR; você não faz um programa grande sem uma abordagem da gestão do valor dos negócios.

Fazemos a distinção entre os benefícios tangíveis e intangíveis. Procuramos os benefícios financeiros, mas também procuramos os intangíveis. Não tentamos transformar as avaliações de risco em dólares; isso não é crível. Assim sendo, mantemos separados os intangíveis e tangíveis, o impacto no P&L. Antigamente, todos estimavam benefícios enormes, mas ninguém acreditava nisso. Hoje tentamos ser rigorosos e usar o modelo da Intel para alocar benefícios às categorias.

Vou dar um exemplo. Tínhamos uma solicitação para colocarmos uma melhoria no sistema de busca da internet para que os clientes pudessem achar o que eles queriam mais facilmente. Em vez de simplesmente dizer: "Eles ficarão mais felizes, e consequentemente comprarão mais", reconhecemos a dificuldade em traduzir diretamente os benefícios intangíveis em números financeiros. Em vez disso, procuramos métricas como satisfação do cliente, número de buscas e assim por diante – coisas mensuráveis. Se, por outro lado, você disser que há um benefício financeiro, mostre-me como mapeá-lo no P&L.[7]

Processo de priorização no TI da Intel é estruturado e transparente

O processo de priorização da Intel é um modelo de clareza e um contribuinte considerável para o reconhecimento do executivo sobre o valor de TI na empresa. Ele exige dos gerentes uma quantia incomum de análise, mas não é rara nem inesperadamente onerosa para uma empresa, voltada para a engenharia, que faz uma aposta de vários bilhões de dólares toda vez que ela decide construir uma fábrica de "*chips*".

Para cada projeto proposto, os gerentes completam uma lista de verificação com vários critérios que examinam quão bem o projeto se alinha com as três dimensões de mérito:

- *FI*, ou atração financeira.
- *Valor dos negócios*, uma medida do alinhamento estratégico.
- *Eficácia de TI*, ou a extensão na qual o projeto elabora ou realça a arquitetura preferida da Intel.

FI é sobre o retorno financeiro potencial do projeto, incluindo novas receitas e reduções potenciais nos custos operacionais *versus* o custo do projeto. Isso é importante, mas não tanto, e outras dimensões são incluídas para proporcionar equilíbrio às prioridades. Por exemplo, um projeto que tenha um retorno financeiro sólido pode não ser tão atraente quando a empresa considera sua falta de alinhamento com a estratégia da empresa, ou até onde a tecnologia proposta pelo projeto impactará o custo total de propriedade para a base tecnológica da Intel.

Pelo fato do TI da Intel usar o mesmo questionário para todos os projetos, ela consegue representar cada projeto em todas as três dimensões, como mostra a figura 6-4. Essa figura deixa claro porque alguns projetos são preferidos em detrimento de outros. A convenção gráfica da Intel é usar tamanhos de círculos diferentes para representar a atratividade financeira, em vez de posicionar essa classificação no eixo X ou Y. Desse modo, o valor dos negócios e a eficácia de TI são proeminentes; uma classificação alta em qualquer componente movimenta um projeto para cima e para a direita.

FIGURA 6-4

Transparência do investimento na Intel

Valor dos negócios

Este gráfico mostra como os valores do IVE dos projetos classificados se mapeiam à matriz de valor dos negócios à direita.

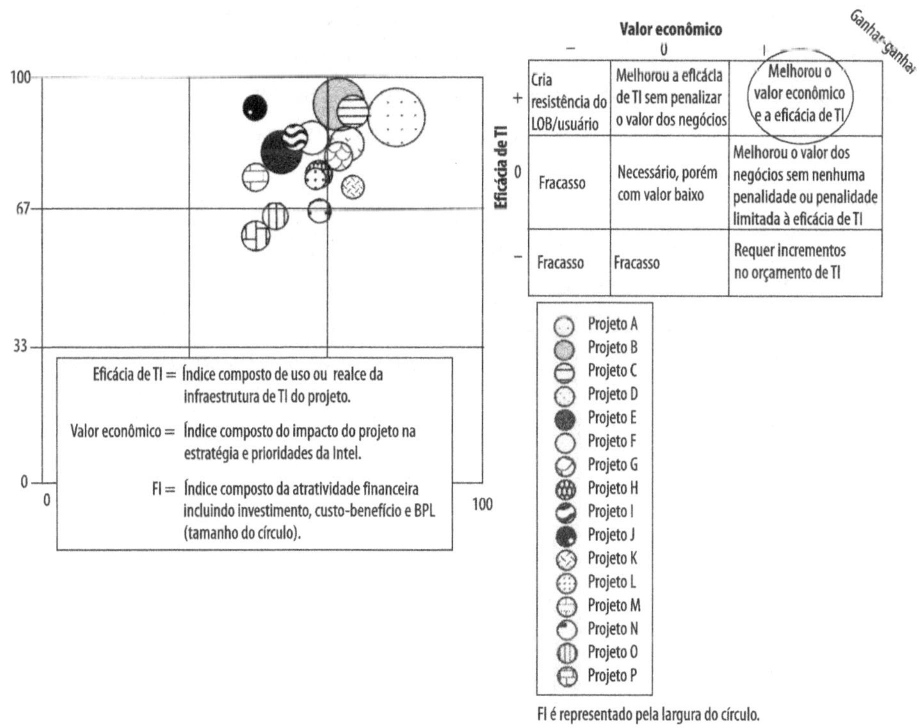

Fonte: Adaptado de M. Curley, *Managing It for Business Value*, Intel Press 2004. (Usado sob permissão.)

O método da Intel não estabelece prioridades para os projetos; em vez disso, ele proporciona informações de maneira transparente para aqueles que tomam as decisões sobre os benefícios que um projeto oferece e como ele se compara aos benefícios oferecidos pelos outros. Os projetos fora do quadrante superior direito ainda podem ser financiados. Mas os patrocinadores devem explicar claramente por que um projeto deveria ser escolhido sobre outros que melhor combinam com o perfil de projeto preferido da empresa.

O processo também serve um importante papel educacional. À medida que os gerentes começam a classificar seus projetos, eles passam a entender como um projeto pode ser moldado para aumentar seu valor. O patrocinador poderá escolher seguir as regras da arquitetura de usar tecnologia não padronizada. Ele poderá decidir abandonar um projeto se seu valor for baixo ou indistinto e enfocar uma prioridade diferente. Ou ele poderá dividir um projeto em partes e fazer uma nova sequência das partes para que o projeto claramente atinja os objetivos estratégicos.

Mais uma etapa merece atenção aqui. A Intel volta a auditar o desempenho de cada projeto contra seus benefícios projetados. Em outras palavras, eles colhem os resultados tão sistematicamente quanto planejam. Esta abordagem ajuda a evitar que os gerentes exagerem a atratividade de um projeto apenas para ser financiado, e garante que os patrocinadores farão de tudo para alcançar os benefícios descritos na proposta do projeto. Discutiremos os benefícios de medida e gestão em mais detalhes no capítulo 8.

Nosso próximo capítulo começa de onde parte a seleção e priorização de iniciativas, com os elementos do ciclo virtuoso que são sobre execução e produção.

7

Integrar Tecnologia, Processos de Negócios e Mudança Organizacional

Tomar boas decisões de investimentos em TI oferece o potencial – mas não a realidade – de rendimentos altos. Para produzir os benefícios reais, a organização deve completar eficientemente os elementos do ciclo virtuoso da execução das iniciativas: reengenharia dos processos de negócios (BPR), desenvolvimento de aplicativos (DA) e administração da mudança organizacional. Assim como com tudo o que já dissemos, a execução é sobre o desempenho dos negócios. A construção da solução do aplicativo é apenas uma pequena parte do que é necessário para gerar valor nas iniciativas de TI. O verdadeiro valor – e o verdadeiro esforço – está em ajudar os gerentes de negócios a identificar como mudar os negócios e em seguida ajudá-los a interpretar suas funções na implementação dessas mudanças.

Duvidamos que isso seja novidade para os executivos. Na realidade, há fortes evidências de que os executivos reconhecem que a administração da mudança organizacional, especificamente, é crucial para o sucesso da iniciativa, e que a administração da mudança vai muito além do escopo de controle do executivo. Em um estudo do Meta Group em 2004, mais de 40% dos 115 executivos pesquisados descreveram cultura, prioridades e políticas como as três mais importantes barreiras para a mudança (como mostra a figura 7-1). Financiamento, habilidades e métodos eram menos importantes.[1]

FIGURA 7-1

CIOs dizem que as barreiras mais importantes para a mudança são sobre corações e mentes

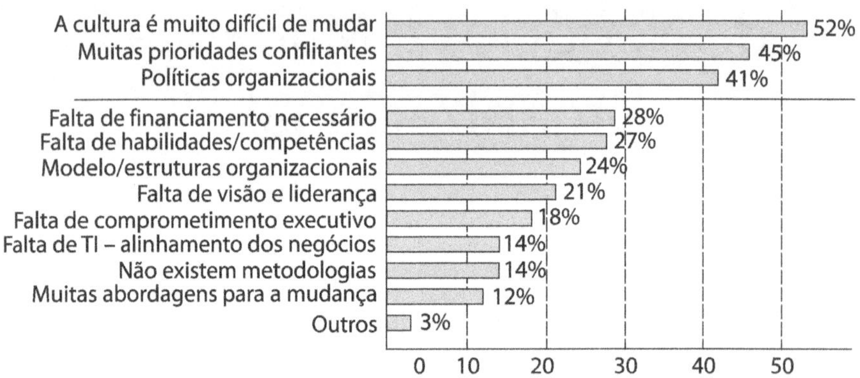

Porcentagem de executivos que citaram o item como uma das 3 principais barreiras para a mudança na empresa.

Fonte: Gartner/Meta, estudo de 2004 com 115 executivos.

É tentador acreditar que os executivos não-TI, como líderes de suas áreas, são mais capazes de administrar a mudança do que seus colegas de TI, mas as evidências indicam o contrário. Lembre-se de que os executivos não-TI no estudo do CISR do MIT, citados no capítulo 4, colocaram a reengenharia dos processos de negócios (BPR) e a mudança organizacional entre as responsabilidades da unidade de negócios. Na segunda fase do estudo, 153 executivos não-TI identificaram a BPR e a mudança organizacional como a pior tarefa de TI (5,5 de 10). Quando esses executivos se olharam no espelho, eles se classificaram muito baixo em supervisão (5,5 de 10) e uso eficaz de TI (5,8), mas se classificaram melhor na direção estratégica (6,7) e no suporte da implementação (6,4).[2] Resumindo, eles achavam que estavam fazendo as coisas certas, mas não achavam que estavam obtendo os resultados certos. Claramente, há um pouco de confusão sobre o que são as "coisas certas".

A dificuldade não está limitada aos projetos de TI. Assim como os gerentes de TI, os gerentes das unidades de negócios aparentemente se sentem desafiados a implementar a mudança *mesmo em suas próprias organizações*. Em um estudo publicado em maio de 2008, a Economist Intelligence Unit pesquisou os alto executivos a respeito de suas recentes iniciativas de mudança. Quatro das cinco barreiras mais importantes à mudança citadas nesta pesquisa são sobre elementos informais e culturais – ganhando corações e mentes e influenciando os comportamentos dos gerentes e equipes afetadas –, em vez da implementação de estratégias formais e ações. Não importa quem esteja no controle ou quem seja afetado, a mudança é difícil.[3]

É tudo sobre o desempenho dos negócios

Existem poucas dúvidas de que a maioria das empresas faz o desenvolvimento de aplicativos melhor do que faz a BPR e a administração da mudança organizacional. Existem também poucas dúvidas de que a maioria das organizações não tem feito muito progresso nos últimos anos em lidar com a mudança organizacional. Na realidade, muitas empresas ainda não estão convencidas de que é realmente possível melhorar sistematicamente a administração da mudança organizacional.[4]

A maioria das empresas teve a mesma atitude para com a gestão de projetos nos anos 80 e 90 – uma atitude que sempre foi autodestrutiva e também acabou sendo totalmente errada. As organizações de TI evoluíram bastante desde 1994, quando o Standish Group relatou que 80% dos projetos de TI em todas as indústrias eram fracassos parciais ou totais.[5] Desde então, as organizações de TI mudaram suas ideias, expectativas e práticas quanto à gestão de projetos. Organizações como o Project Management Institute ajudaram os líderes de TI a identificar e documentar práticas bem-sucedidas, a treinar os praticantes, a medir os resultados e a sistematicamente aprimorar os sistemas para execução.

Os líderes de TI podem, e devem, fazer para a gestão da mudança organizacional o que eles fizeram para a gestão de projetos. Se não fizerem isso, eles poderão destruir a credibilidade obtida ao mostrar valor pelo dinheiro, e evitarão que a unidade de TI suba no caminho para o valor. Isto acontece porque quando os projetos fracassam, TI frequentemente paga o preço, independente da causa. Além disso, esta situação representa uma excelente oportunidade para TI e o executivo resolverem um problema, normalmente reconhecido como sério, usando abordagens sistemáticas similares àquelas que TI já aplicou, com sucesso, à gestão de projetos.

As técnicas para a reengenharia dos processos de negócios, desenvolvimento de aplicativos e mudança organizacional foram extensamente escritas em vários locais (em milhares de livros e artigos), por isso, não vamos resumi-las aqui. Em vez disso, relacionamos os pontos principais deste livro – transparência e comunicação – a esses três elementos do ciclo virtuoso. Focamos no estabelecimento de transparência nas ações, no desempenho e nas funções para que todas as pessoas envolvidas na mudança saibam o que esperar e como interpretar suas funções. Este se resume a dois elementos principais:

1. Sistematicamente identificar os requisitos da BPR e da mudança organizacional antecipadamente em todas as iniciativas.
2. Embutir transparência e aprendizado em todo o processo de execução.

Sistematicamente examinar todas as dimensões da mudança desde o começo

Muitas empresas aprenderam a examinar os riscos potenciais e requisitos do desenvolvimento de aplicativos, mas poucas integraram totalmente a mudança organizacional e a BPR nessas avaliações. Nesse sentido, a Intel teve um progresso significativo em seus esforços para inovação de TI. Como parte do processo de entrega de inovação da equipe de inovação de TI, os gerentes examinam seis dimensões de mudança:

1. A visão do problema ou oportunidade.
2. A solução e como ela é habilitada através de TI.
3. O plano de negócios para a mudança.
4. Mudança nos processos de negócios internos.
5. Mudança organizacional interna.
6. Adoção do cliente, o que muitas vezes exige mudanças dos clientes ou da sociedade.

Cada "vetor" deve ser cuidadosamente administrado para garantir que a inovação produza os benefícios prometidos.

O ponto de partida é uma *visão* clara de como uma oportunidade específica pode ser explorada ou como um problema específico pode ser resolvido com o suporte de TI. O *plano de negócios* – mostrando se e como a inovação pagará os retornos além do investimento – é geralmente mais difícil de identificar do que a solução potencial de TI.[6]

As outras três dimensões são sobre a mudança nos processos de negócios, na organização e no comportamento dos clientes. Essas questões intangíveis são frequentemente as mais difíceis de todas. A mudança em um processo de negócios exige muito mais do que formalmente reenviar as tarefas ou eliminar as etapas do processo. Ela requer mudanças nos comportamentos, funções e estruturas organizacionais e incentivos que não aparecem em um fluxograma de processos. Essas mudanças organizacionais, pelo fato de envolverem atenção às pessoas e não apenas tecnologia, exigem enormes habilidades administrativas para serem abordadas. E não abordá-las poderá causar mais danos do que um erro na engenharia de processos.

Por último, muitas iniciativas poderão ter sucesso apenas se forem adotadas externamente – por clientes, fornecedores, regulamentadores, parceiros ou outras partes interessadas. Se reformulação ou informações externas são os meios para criar o novo valor (veja o capítulo 5), então o valor não será alcançado a menos que os clientes externos ou parceiros adotem a mudança. Se a iniciativa ajudar os clientes a conduzirem seus processos existentes, ela provavelmente será adotada rapidamente. Mas quando as partes interessadas externas precisam investir em nova tecnologia, habilidades, capacidades ou processos –

como quando o Walmart exigiu que seus parceiros na cadeia de suprimentos adotassem a tecnologia de identificação por rádio frequência (RFID) – então os gerentes da iniciativa devem encontrar meios para facilitar essas mudanças.

As seis dimensões da Intel expõem os riscos e oportunidades – em oposição à tecnologia apenas – que estão presentes na mudança do processo, da organização e dos clientes. Elas ajudam os gerentes a saber, antecipadamente, o que esperar e proporcionam placas de sinalização para ajudar a administrar a produção de benefícios da inovação.

Sistematizando a reengenharia dos processos de negócios

Os executivos sabem quão importante é a BPR. A obra de Hammer e Champy, entre outras, popularizou o conceito nos anos 80 e 90.[7] As práticas de consultoria foram formadas para facilitar a BPR, e TI sempre teve um papel importante.

O processo é o paradigma dominante para toda TI, e o executivo é muitas vezes reconhecido pela equipe executiva como a primeira ou segunda pessoa com mais conhecimento na empresa no que diz respeito aos processos de negócios. Os executivos certamente sabem que há mais risco do que valor nas iniciativas suportadas por TI para automatizar os processos que não foram cuidadosamente pensados de antemão.

No entanto, surpreendentemente, apesar de duas décadas de práticas da indústria, relativamente poucas empresas fazem a BPR bem. O executivo que conseguir aprimorar a BPR em todos os projetos tem, portanto, a oportunidade de produzir mais valor do que os concorrentes que não conseguem – e o aprimoramento da BPR começa com a adoção de uma abordagem sistemática para a análise franca de problemas. Compartilhamos aqui duas maneiras como os executivos ajudaram suas empresas a sistematicamente aprimorar a BPR.

Uma delas é criar uma equipe pequena para fazer uma análise rápida dos processos de negócios antes que o trabalho de TI comece. O executivo da DirectEnergy, Kumud Kalia, formou uma equipe pequena de MBAs, das melhores escolas, para servirem como analistas de processos de negócios. Ele envia os analistas para trabalhar com os executivos das unidades para analisar os problemas crônicos dos negócios. Os analistas examinam todo um processo de negócios, de ponta a ponta, para diagnosticar as causas-raízes de problemas antigos e, em seguida, propõem soluções. A equipe geralmente identifica várias opções que realizam o que a empresa quer e mais, com os benefícios adicionais do fluxo suave de processos, custos operacionais mais baixos e funcionalidade aprimorada. Isso pode ou não exigir investimento adicional em TI – Kalia acredita que evitar uma despesa maior com TI ao reformular os processos de negócios é um valor agregado legítimo, permitindo que ele concentre a atenção de TI onde ela terá mais impacto. Todo o exercício demora menos de 3 meses – um pequeno investimento em comparação à economia e às oportunidades que eles identificam.

Outros executivos adicionaram etapas específicas da BPR aos ciclos de vida de desenvolvimento de seus sistemas. O executivo Al-Noor Ramji e sua equipe na British Telecom (BT) desenvolveram o conceito de incubadora para garantir o envolvimento conjunto de TI e da unidade de negócios na reengenharia de processos desde o início de grandes projetos. As incubadoras reúnem vários peritos, de funções de TI e não-TI, em um ambiente de trabalho acelerado e em tempo integral. A meta é descobrir o melhor *design* para um novo processo. "Por três dias, construímos três protótipos com seis a oito equipes competentes", Ramji diz. "Não é uma competição do pessoal de TI contra os homens de negócios; cada conjunto de habilidades profissionais tem de se expor e fazer. E esta tem sido uma enorme revolução, porque trabalhar suas próprias partes e fazer suas próprias coisas precisamente não ajuda quando o cliente está em jogo. E nenhum departamento é suficiente para prestar serviços de ponta a ponta para os clientes. Somos todos necessários."[8]

Se você usa ou não uma equipe de analistas para analisar o impacto e as implicações da mudança no processo, o esforço da BPR compensará em mais do que apenas *designs* melhores. Cada exercício de BPR bem-sucedido mostra aos executivos a importância e o poder em se pensar a respeito das coisas sob o seu ponto de vista– o processo dos negócios – além do sistema em si. Além disso, cada iteração aumenta o conhecimento da unidade de TI sobre os negócios e proporciona credibilidade adicional aos líderes de TI como contribuintes para os negócios e discussões estratégicas.

Em muitos casos, essa prática aumenta a responsabilidade de TI pelos processos de negócios, assim como pela tecnologia. Por exemplo, o executivo da Solectron, Bud Mathaisel, também serviu como diretor de processos da empresa, responsável por TI *e* pela eficácia dos processos de negócios. Ele regularmente visitava os clientes e trabalhava com os executivos em toda a empresa para patrocinar iniciativas que fizeram com que a empresa fosse considerada fácil para se negociar. Ainda assim, é pedido que outros líderes de TI, após implementarem os novos processos, assumam as operações para esses processos além de suas responsabilidades com TI. No capítulo 9, examinamos essas funções abrangentes e outras.

Sistematizando a mudança organizacional

A gestão sistemática da mudança não é necessariamente mais difícil do que o desenvolvimento de aplicativos e a BPR, mas é mais frequentemente ignorada. A Gartner estima que pouco menos de 15% das empresas estabeleceram funções e estruturas organizacionais explicitamente encarregadas de administrar e facilitar a mudança organizacional, em comparação a 40% (até mesmo 90% em algumas regiões, como a Austrália) de empresas que estabeleceram um escritório de gestão de projetos.[9]

Esse comportamento é extremamente limitado, isto porque de todos os riscos associados com a mudança, a resistência das pessoas afetadas pela mudança é a mais previsível. Em geral, a primeira reação de qualquer pessoa confrontada com qualquer mudança é resistir a ela. A resistência é normal e previsível quando a mudança é aparentemente desejável – como uma promoção ou o nascimento de um filho – e especialmente quando ela parece ser imposta pelo exterior. Além disso, a resistência geralmente torna-se previsível com o passar do tempo.[10]

Resumindo, os gerentes precisam esperar e administrar o ciclo de resistência à mudança, isto porque ela certamente ocorrerá, seja ou não antecipada e administrada.

Existem maneiras sistemáticas de examinar o potencial para resistência e incluir essas considerações nos planos de projetos. Por mais de 10 anos, os professores do Colégio de Administração Sloan do MIT têm ensinado aos seus alunos um modelo de mudança organizacional. O modelo examina os requisitos da mudança usando três lentes diferentes: formal, política e cultural (veja a figura 7-2).[11]

O *plano formal* (também chamado de plano estratégico) inclui os elementos de uma organização que são prontamente escritos ou representados em gráficos. Ele inclui a estrutura e os papéis, os processos de negócios, os sistemas administrativos, os incentivos, as estratégias formais e as políticas. Os novos aplicativos de TI, as mudanças nos processos de negócios e as estruturas organizacionais afetam o plano formal. As mudanças nos planos formais geralmente são as mais fáceis de planejar, isto porque elas podem ser racionalmente organizadas com base nos requisitos de uma iniciativa. Mas tais mudanças geralmente têm efeitos nas outras duas perspectivas, resultando no aumento da resistência das pessoas afetadas pela mudança.

FIGURA 7-2

Três perspectivas sobre as mudanças organizacionais

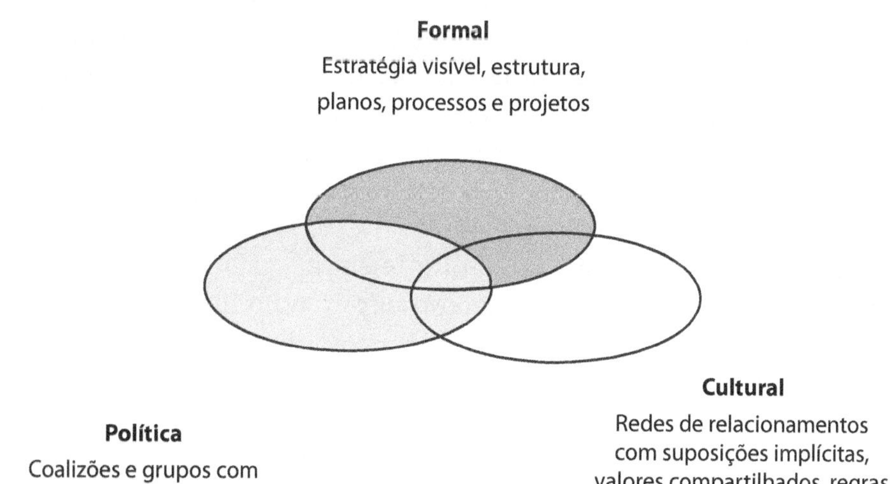

Fonte: Deborah Ancona ET. AL. *Managing for the Future: Organizational Behavior and Processes*, 3a. edição, ©2005 South-Western, uma parte da Cengage Learning, Inc. (Reproduzido com permissão. www.cengage.com/permissions.)

A perspectiva *política* examina as fontes e usos de poder na organização: quem o tem, de onde ele vem, como ele é usado. Aqueles que acreditam que seu poder desaparecerá como resultado da mudança normalmente resistem, geralmente indiretamente. Mas tão importante quanto a resistência não intencional que acontece dos conflitos de metas, quando as metas da iniciativa vão contra as metas (declaradas ou não) das unidades organizacionais e seus membros, os executivos e outros líderes devem reconhecer, antecipadamente, quem provavelmente ganhará ou perderá o poder, e onde podem existir metas conflitantes para que eles possam tomar medidas para endereçar a resistência resultante o mais cedo possível.

A perspectiva *cultural* é o sistema de valores e crenças compartilhados mantidos pelos membros da organização. A cultura de uma organização é muitas vezes tão profundamente enraizada que ela é inconsciente e quase invisível para as pessoas que estão dentro. Mas ela está tramada em tudo que a organização faz. Ela afeta cada suposição que as pessoas fazem sobre o que é possível ou permissível, desde a maneira como as divergências são tratadas aos produtos e serviços que podem ser oferecidos aos clientes. Embora uma cultura sólida possa ser altamente eficaz (considere a cultura da Southwest Airlines, da USAA ou da Apple), ela pode perigosamente minar a mudança quando esta pede valores e comportamentos que vão contra aqueles da cultura prevalecente. Por exemplo, a Polaroid não conseguiu se adaptar à fotografia digital, embora a empresa tivesse tecnologia para fazê-lo, em grande parte porque sua cultura rejeitava qualquer produto que não viesse com um componente renovador (como filme) que eles poderiam continuar vendendo para o cliente por muito tempo depois da venda da câmera em si. E muitas empresas de serviços profissionais tiveram dificuldades em se adaptar aos modelos de assistência ou faturamento, como os preços fixos e *offshore*. Assim, a avaliação dos requisitos da mudança organizacional de uma nova iniciativa é um processo sistemático para examinar como o novo mundo no final do projeto se diferenciará do mundo existente de acordo com cada perspectiva e, em seguida, tomará as medidas para tratar as diferenças. Esse exercício deve ser integrado com todos os outros planejamentos de projetos, isto porque o plano de processos e tecnologia poderá apresentar mudanças dolorosas nas perspectivas políticas e culturais.

Algumas questões culturais podem ser administradas através da comunicação eficaz; na realidade, em entrevistas realizadas em 2005, os gerentes da Cisco, uma empresa que construiu sua capacidade de mudanças em partes através da experiência com várias aquisições, nos disse que eles gastam de 50 a 80% de seu tempo em grandes iniciativas de mudança se comunicando com os patrocinadores e os alvos da mudança.[12] As questões políticas podem ser administradas pelo ajuste de planos formais para realinhar a estrutura ou incentivos. Mas algumas vezes ela precisa de ação mais direta e dramática, como quando a nova equipe sênior da Tektronix abordou a resistência política à reestruturação global de processos e sistemas de suporte ao se reestruturar para eliminar os poderosos gerentes da empresa em outros países.[13] Os executivos bem-sucedidos usam técnicas como essas descritas para entender os riscos potenciais da mudança organizacional logo cedo e trabalhar com outras autoridades para abordá-los eficazmente.

A liderança sólida é essencial para endereçar a resistência à mudança. Líderes poderosos estabelecem visão e comunicação para unir a organização em torno de uma meta comum. Eles também sabem quando tomar medidas sólidas para forçar a mudança. É notável ver com que frequência os gerentes de iniciativas bem-sucedidas descrevem um momento definidor, quando a resistência foi rompida e o futuro do projeto assegurado. A reestruturação mundial do processo de vendas da Nestlé, chamado de Projeto Globo, veio no momento em que a empresa estava financeiramente indo bem, mas os analistas de investimentos exigiam mais. A resistência passiva dos poderosos executivos de vendas havia se tornado hostilidade aberta à iniciativa quando o gerente do projeto, Chris Johnson, assumiu a ofensiva em uma reunião global de vendas. Johnson explicou que se o projeto fracassasse, ele poderia perder seu emprego, mas que seria responsabilidade de um dos executivos de vendas fazê-lo ter sucesso. A iniciativa era importante para o CEO e ela iria acontecer, não importando quem iria administrá-la. Essa reunião, juntamente com o apoio consistente do CEO ao Johnson e ao projeto, serviu para subjugar a resistência política de executivos locais que temiam perder o poder para o escritório central.

Porque a gestão da BPR e da mudança organizacional é essencial para quase todas as iniciativas, os escritórios de gestão de projetos de

TI são geralmente as primeiras organizações em uma empresa que desenvolvem a competência para administrar a mudança. Os executivos podem aproveitar a reputação de TI para a gestão do projeto, a qual é frequentemente reconhecida por toda a empresa, para defender a gestão da mudança organizacional, começando pela incorporação de fundos e atividades para a gestão da mudança em cada grande projeto. Em outras palavras, este é um aspecto do ciclo virtuoso no qual TI pode liderar, mesmo se não controlar todos os recursos envolvidos. Como resultado, TI se beneficiará tanto ou mais do que qualquer outro grupo.

Bud Mathaisel, ex-CIO da Solectron, encarregou seu escritório de gestão de projetos não apenas do monitoramento do *status* do projeto, mas também de garantir que a equipe nomeada da unidade de negócios faria sua parte ao participar de reuniões, das revisões do trabalho em andamento e por certificar-se de que ela estava preparada para implementar novos processos. Este programa melhorou visivelmente as taxas de sucesso para os projetos. "Nosso PMO (escritório de gestão de projetos) é uma entidade tão valiosa que agora ele é imitado por outros grupos na nossa empresa", disse Mathaisel. "Perdemos pessoas para outros grupos... eles as empregaram (com nosso encorajamento) para colocar as mentalidades de gestão do programa nessas outras organizações."[14]

Construa transparência e aprendizado na execução do projeto

Entender e administrar os requisitos para o processo e a mudança operacional são práticas necessárias, mas não são suficientes para o sucesso. Sem a execução eficaz e efetiva do projeto, o valor será reduzido ou perdido. Como na seção anterior, nós não focamos aqui em detalhes específicos da gestão de projetos, mas em duas maneiras de garantir que a execução do projeto seja transparente no método, nas funções e no desempenho para todos os participantes.

A primeira coisa é fazer com que os métodos e as funções do projeto sejam os mais claros possíveis para todos os participantes. Esta é a função de uma metodologia bem estruturada do ciclo de vida de desenvolvimento de software (SDLC), a qual especifica, para certo tipo de iniciativa, o que deve ser feito, por quem, em qual ordem e com que resultados esperados e produto final. Dadas as melhorias nas taxas de sucesso de projetos desde a última década (como descrito anteriormente neste capítulo), está claro que a maioria dos executivos agora entende a importância de um bom SDLC. Aqueles que não entendem deveriam saber que ele é um componente fundamental para garantir que os riscos associados com o desenvolvimento de aplicativos – não apenas de disponibilidade e acesso, mas também de precisão e agilidade – são bem administrados.[15] Os executivos também deveriam saber que um estudo, baseado em dados de mais de 15.000 projetos publicados pela Gartner em 1977, descobriu que os projetos que usam uma metodologia moderadamente rigorosa eram, em média, 35% mais produtivos do que os projetos que não usavam nenhuma.[16]

As metodologias do SDLC variam em detalhes e rigor. A regra mais importante é torná-las proporcionais à complexidade do projeto e às habilidades da equipe. Para aterrissar um avião, o piloto precisa apenas de uma lista de verificação pregada no painel de instrumentos no *cockpit*, isto porque ele foi bem treinado, é experiente e precisa apenas de um lembrete para executar cada etapa da aterrissagem em sequência. Similarmente, um gerente de projeto bem treinado que esteja executando um tipo familiar de projeto com uma equipe habilidosa precisa pouco mais do que uma lista de verificação para garantir o sucesso. Mas quando a complexidade ou os requisitos do projeto levam um projeto além do que lhe é familiar, o rigor deve aumentar, caso contrário os riscos se multiplicarão.

A segunda abordagem, aprimorar a transparência para o desenvolvimento de aplicativos, é a supervisão em processo, o que significa regularmente reunir executivos de TI e do restante da empresa para tomar as principais decisões. À medida que o projeto alcança cada portal em uma série, ele é revisto pelos patrocinadores, pela equipe do projeto e pelo departamento de gestão de projetos para verificar o progresso em relação a metas e principais riscos. Cada portal pede uma decisão para abandonar ou proceder com o projeto para o próximo estágio de atividade e financiamento.[17] Esse processo ajuda a garantir que os projetos não começarão ou continuarão quando existirem riscos grandes e não abordados.

Mas um SDLC restrito também pode ser uma fonte de frustração para os executivos. As questões administradas em cada portal, e o processo para administrá-las, podem ser intimidantes para aqueles que não têm experiência técnica. Os executivos ocupados, que não entendem o raciocínio ou as suposições para os principais pontos de decisão, podem ser desculpados por se sentirem infelizes. Pede-se que esses indivíduos, normalmente pessoas altamente competentes, tomem decisões para as quais eles não têm experiência ou é pedido que eles desacelerem os planos de suas unidades para garantir que (do ponto de vista deles) as exigências de TI sejam satisfeitas. E não é uma maneira útil de construir uma camaradagem entre TI e o restante da empresa. Em outras palavras, um processo de SDLC restrito pode levar TI à armadilha do valor em que ela é uma obstrução.

A executiva da Raytheon Global, Rebecca Rhoads, descobriu uma maneira de evitar ser vista como uma obstrução. Em vez de fazer com que os executivos aprendam uma linguagem separada de SDLC para TI, ela e sua equipe colocaram todas as decisões de TI no mesmo processo (Sistema Integrado de Desenvolvimento de Produtos, ou IPDS) que a Raytheon usa para todos seus principais programas capitais (veja a figura 7-3). O IPDS, a metodologia de etapa do projeto de engenharia padrão da Raytheon, é usado a qualquer hora em aproximadamente oito mil projetos de engenharia na empresa. Os grandes projetos passam por todos os portais, ao passo que os projetos menores passam por um processo canalizado que consiste de poucos portais. De qualquer maneira, os portais combinam com os portais que já estão em uso pelo restante da empresa.

Colocar os projetos de TI no IPDS mostra que eles são tão importantes como qualquer outro projeto de engenharia e que eles usam as mesmas técnicas e rigor. Rhoads diz que essa integração tem rendido enormes benefícios em processo e participação. "[Usamos] a mesma estrutura, mesma linguagem, mesmos participantes. E quando você chega nesse ponto, eles sentem que estão envolvidos, e eles sabem como se envolver... Se você convidá-los para uma reunião e falar a linguagem de TI, eles não têm certeza como contribuir, o que irá frustrá-los. Mas se você os trouxer para uma revisão de portais, como qualquer projeto de revisão de portais, que seja estruturado de maneira que se conheça... o que precisamos fazer com este portal específico e qual a função deles, então... eles passarão a ser seus colegas de equipe."[18]

Integrar TI no IPDS faz mais do que aprimorar a comunicação; ela cria links para a cultura da empresa. Administrar os projetos de

FIGURA 7-3

Os links de governança Raytheon-TI para o Sistema Integrado de Desenvolvimento de Produtos (IPDS) por toda a empresa

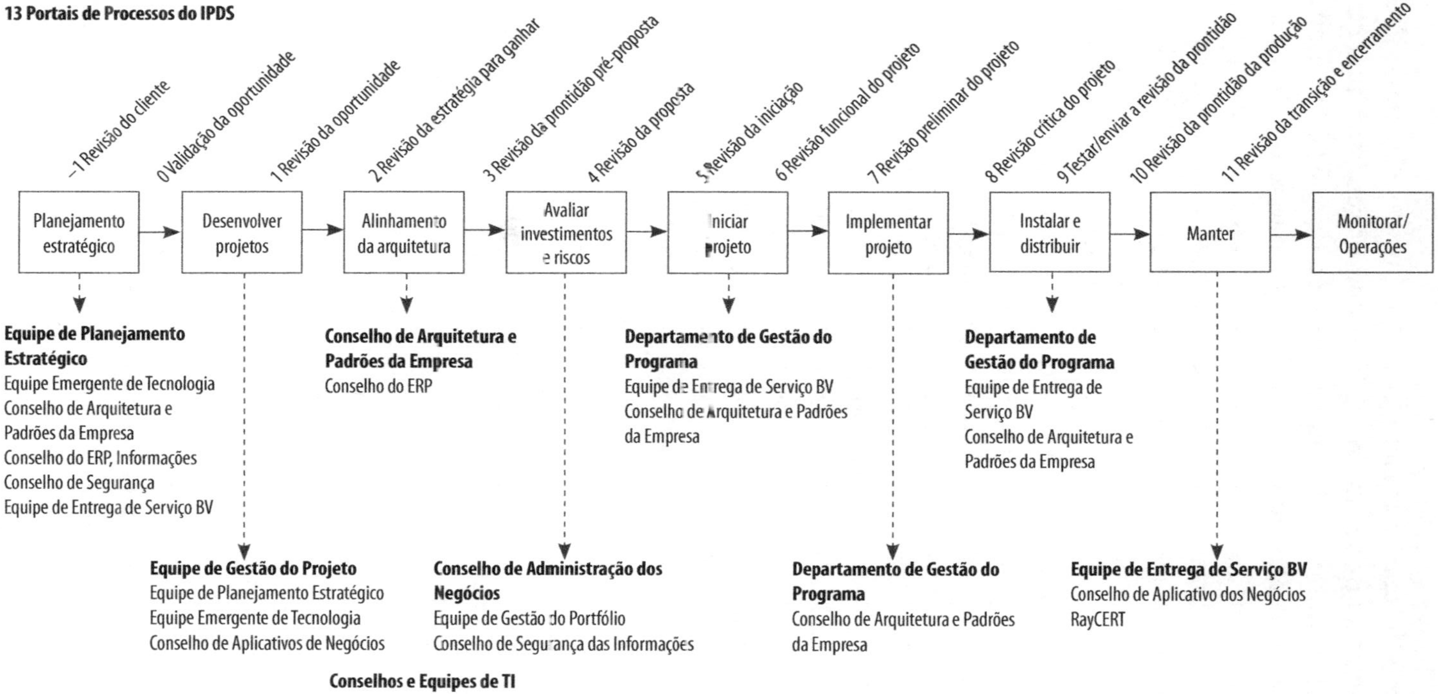

Fonte: Raytheon Corporation. (Usado com permissão.)

TI de acordo com o mesmo processo que os executivos já conhecem ajuda todas as partes interessadas a cumprirem suas funções mais facilmente. Todos sabem o que é a revisão do portal 5 e o que significa passar um portal. E todos entendem que não tem problema falhar em um portal, pois isso acontece o tempo todo em muitas partes dos negócios. Um portal não é uma revisão para auditoria, a qual significa um julgamento potencial para um projeto e seu gerente. Em vez disso, ele é um ponto de verificação para ajudar a todos a entender que um projeto endereçou certos requisitos importantes. Falhar significa voltar e fazê-lo corretamente para que o processo possa continuar, assim como com qualquer outro processo na empresa.

As revisões devem ser frequentes para garantir o aprendizado e reduzir os riscos. Se uma organização sabe que um projeto está fracassando apenas quando ele não consegue ser entregue no prazo final, a empresa perdeu tempo, dinheiro e oportunidades. O que é pior, se os gerentes tivessem entendido logo que o projeto estava com dificuldades, eles talvez conseguissem tomar medidas para consertá-lo antes de ele fracassar.

O executivo da BT, Al-Noor Ramji, implementou uma abordagem direta e efetiva para melhorar a velocidade de percepção sobre o desempenho do projeto. "Nós... nos certificamos do que cada um deles [projetos] produz a cada noventa dias, e se ele não produzir, o processo de revisão pós-implementação será cortado." Os gerentes são encorajados a dividir seus projetos em partes menores que possam produzir funcionalidade significativa em noventa dias. A revisão examina as funções que todos tiveram no desempenho do projeto. E os bônus anuais de incentivo dos gerentes são baseados na participação nas revisões trimestrais, e não apenas no sucesso de seus projetos. O processo de revisão de noventa dias tem sido eficaz em aprimorar a habilidade da empresa em produzir sobre os investimentos e administrar os recursos entre os programas.

Com a avaliação das necessidades, o investimento transparente e a integração de AD, BPR e gestão completa da mudança organizacional, o único elemento do ciclo virtuoso que falta é a medida do valor produzido – o que chamamos de colheita. Este é o tópico do próximo capítulo, o qual conclui nossa discussão de como os executivos conseguem posicionar TI com sucesso como um investimento no desempenho dos negócios.

8

Medir o Valor Produzido

Já dissemos antes: os bons jogadores sabem o placar. A última parte do ciclo virtuoso é sobre ficar de olho nos resultados e, neste caso, isto é feito ao computar o valor real produzido por um investimento em TI. O plano de negócios (como descrito na proposta do projeto) estimou uma redução na contagem de pessoas, um aumento nas vendas de um produto específico ou uma redução no custo de um processo de manufatura? Esta é a parte do ciclo virtuoso na qual a empresa determina se esses benefícios foram ou não entregues. Medir os benefícios garante que TI, juntamente com os patrocinadores das iniciativas, receba o crédito por melhorar o desempenho dos negócios.

Além de garantir que o valor proposto pelo plano de negócios será realizado, o fato de medir o valor assegura que a empresa aprenderá a estimar os benefícios das iniciativas mais precisamente. Esta precisão, por sua vez, aprimora o planejamento e o processo de investimento e aumenta os resultados dos investimentos em TI. Quando os patrocinadores sabem que os benefícios atuais serão contados, a probabilidade de eles inflarem os benefícios para promover um projeto é menor. Quando eles fazem isso, aqueles que tomam as decisões sabem e podem considerá-lo quando surgir a próxima proposta.

As empresas têm bons motivos para medir os benefícios, mesmo que a maioria não os meça agora

Estes são os bons motivos para medir os benefícios, e, sem dúvida alguma, eles são muito bons. Mas em princípio, eles não são suficientemente bons para muitas empresas. Medir o valor produzido pelas iniciativas que envolvem TI é uma prática que a maioria dos negócios não adotou. A JUAS (Associação de Usuários de Sistemas de Informação do Japão), uma entidade sem fins lucrativos, estimou, em um estudo com 963 participantes em 2004, que apenas 13% das empresas japonesas com receitas acima de $1 bilhão consistentemente faziam análises de realização de benefícios após a implementação. Esse número cai para 7% quando olhamos para todos os tamanhos de empresas na amostra.

Não nos surpreendemos com esses números. Primeiro, é uma questão de hábito. Mesmo quando as empresas estão acostumadas a ficar de olho nos resultados dos investimentos em instalações, equipamentos ou imóveis, poucas fazem algo a respeito de TI. O esforço envolvido não é especialmente oneroso, mas ele parece ser muito para uma empresa que nunca gastou esforços com essa questão.

Além disso, nem todos os gerentes realmente *querem* medir os resultados de seus investimentos em TI. Especialmente em empresas em crescimento acelerado, os gerentes estão focados em buscar oportunidades, não em ficar de olho nos resultados. Eles acreditam que os números se resolverão por conta própria se eles buscarem o máximo de oportunidades, e os recursos de TI em muitos casos parecem menos reais e menos limitados do que seus próprios recursos. Isso acontece especialmente quando os mecanismos de gestão da demanda, como governança, são imaturos. Para esses gerentes, medir os benefícios parece ser um convite para recusar financiamento para projetos futuros que, caso contrário, seriam certamente aprovados.[2]

Muitos gerentes simplesmente acreditam que os grandes investimentos em TI são extremamente arriscados, e eles não querem ser responsabilizados pela produção de benefícios quando acham que não conseguirão controlar os resultados. E embora seja provavelmente verdadeiro, é cínico dizer que se os benefícios não aparecem, TI é frequentemente responsabilizada. Um estudo de 2004, feito pela Gartner e Forbes.com, descobriu que 94% dos CEOs responsabilizavam TI pelos fracassos de projetos.[3] No geral, quando o executivo está muito perto do CEO no organograma, mais provavelmente ele culpará TI quando ocorrer um fracasso. Então por que as pessoas se voluntariam a assumir o risco?

Os executivos não podem se dar ao luxo de medir os benefícios do investimento em TI

Esses argumentos são sérios, e os executivos precisam ir além deles. O fracasso na medida dos benefícios é uma variação da armadilha do valor "TI apenas produz tecnologia", a qual separa TI de quaisquer rendimentos produzidos pelos investimentos. As empresas geralmente têm processos de investimentos estruturados (e algumas vezes processos de medidas) para seus investimentos de capital. Por que os investimentos que envolvem TI seriam diferentes? E as empresas conseguem lidar com os riscos de produção ao aprimorar o desenvolvimento de aplicativos, a BPR e a gestão da mudança organizacional, como descrito no capítulo 7.

O problema é que, assim como outras partes do ciclo virtuoso, TI não consegue simplesmente seguir em frente por conta própria. A mensuração dos benefícios requer a participação de todos os envolvidos em uma iniciativa, dentro e fora de TI. Esse é o caso principalmente porque o valor de qualquer investimento em TI, que não seja puramente de infraestrutura, não está expresso no orçamento de TI. O valor é expresso em desempenho dos negócios.

Por exemplo, o executivo de uma grande organização de assistência à saúde dos EUA administra um orçamento de TI que representa aproximadamente 4% da receita da empresa. Esse índice – aproximadamente duas vezes o orçamento típico de TI para meia dúzia de empresas que a administração considera como similares – é suficientemente grande para atrair a atenção dos executivos e analistas do setor. Quando o orçamento é a única coisa considerada, TI parece ser onerosa nesta empresa.

No entanto, as despesas gerais e administrativas são aproximadamente 10% das receitas, em comparação a uma variação de 18 a 30% no grupo de similares. Em outras palavras, os 2% extras de receitas gastos com TI reduziram a porcentagem de receita para SG&A em 8 a 20%, aumentando as margens em comparação a empresas similares. Muito dessa redução nos custos dos negócios é o resultado de investimentos recentes na administração de registros eletrônicos, os quais aumentaram os orçamentos de TI ao mesmo tempo em que reduziam significantemente a quantidade de tempo, esforço e controle da qualidade necessários para administrar o enorme volume de registros que qualquer empresa de assistência à saúde manuseia diariamente.[4]

É exatamente isto que um investimento deve fazer: aplicar uma quantia relativamente pequena de recursos para criar um resultado positivo maior. Quando os resultados estão fora dos orçamentos de TI – e acreditamos que já deixamos claro que, quando as coisas estão indo na direção correta, é exatamente onde os resultados estão localizados – então a única maneira de medir o valor do investimento em TI é examinar o desempenho dos negócios.

> "Podemos ter uma medida de qualidade que diz que iremos melhorar a precisão das escolhas. O investimento em TI é considerado em vista desta meta. Poderá, também, haver outros fatores necessários para alcançar a meta, como as mudanças nos processos ou as mudanças nos planos de incentivos. Medimos a qualidade do resultado de nossos investimentos. Repetidamente voltamos a até dois anos após a implementação para termos certeza de que obtemos o valor."[5]
>
> **– John Hammergren, CEO, McKesson**

Criando as condições para uma colheita bem-sucedida

Usando uma metáfora agrícola, o primeiro estágio do ciclo virtuoso – identificação das necessidades e planejamento dos investimentos – é como preparar a terra. A reengenharia dos negócios, o desenvolvimento de aplicativos e a gestão da mudança organizacional são como plantar as sementes e cuidar da plantação. A última etapa é administrar a colheita – para certificar-se de que os esforços e os recursos que entraram no planejamento e execução renderam frutos e produziram valor.

A participação de todos envolvidos em uma iniciativa é necessária para o sucesso da colheita, e, para seu próprio bem, TI precisa garantir que todas as pessoas envolvidas se comprometam com o que é necessário para alcançar e medir os benefícios. Como uma questão prática, o ponto único de alavancagem, no qual as organizações de TI conseguem mais forçadamente apresentar os requisitos para a medida dos benefícios após a implementação, é o ponto no qual o projeto é aprovado e pouco antes de ele ser aprovisionado. Neste ponto, o *momentum* que leva à iniciação de um projeto é poderoso. Os patrocinadores estão preparados para liderar, os recursos estão sob consideração e os benefícios parecem tangíveis. Os executivos conseguem usar este *momentum* para pedir aos participantes do projeto que reafirmem seu compromisso com a produção e a medida de valor ao participarem da revisão da colheita de benefícios após o projeto. Nessas circunstâncias, poucos deles recusarão, quando o projeto – para o qual tanto tempo e capital político foram gastos – parece eminente e as revisões dos benefícios parecem distantes. Isso acontece porque a recusa parecerá estar lançando dúvidas sobre a credibilidade das estimativas dos benefícios.

Uma colheita bem-sucedida requer três coisas específicas.

- *Expectativas claras dos benefícios*: Se a avaliação das oportunidades e o processo de decisão sobre os investimentos estiverem funcionando relativamente bem, haverá pouca dúvida, neste ponto, sobre o que exatamente uma iniciativa deve entregar e quais medidas de desempenho, operacionais ou financeiras, se aplicarão. Se este não é o caso, então os processos de avaliação e investimentos estão quebrados, e o executivo deve usar sua influência para ajudar a consertá-los.

- *Medidas na linha de referência nas áreas de desempenho financeiro ou operacional-alvo das iniciativas*: Novamente, estas deveriam ter sido estabelecidas durante a identificação e avaliação da oportunidade. Caso contrário, TI poderá fazer o que a Intel e outros líderes de TI fazem: trabalhar com a área financeira, e outras áreas da empresa, para identificar os números corretos e compará-los.

- *Um processo de revisão estruturado após a implementação*: Essa revisão está focada nas melhorias no desempenho dos negócios, e a duração e rigor desse processo são proporcionais ao tamanho e ao escopo do projeto. Esse é o maquinário para colheita que muitas organizações não têm, e ele não é considerado nas fases iniciais do ciclo virtuoso. Esse processo, e as melhores práticas relacionadas na realização dos benefícios, é o foco do restante deste capítulo.

Criando o grupo de coordenação da colheita

A garantia de produção do valor é um processo, e um processo precisa ser administrado. Após as soluções de TI serem produzidas e a mudança nos negócios estiver completa, o grupo de coordenação do projeto é substituído pelo *grupo de coordenação da colheita.*

As duas funções mais importantes de qualquer grupo de coordenação são a administração dos riscos e a tomada de decisões. Pelo fato de as decisões e os riscos envolvidos na colheita diferirem daqueles envolvidos na fase de execução, os membros do grupo de coordenação também poderão ser trocados entre as duas fases. Os membros típicos de um grupo de coordenação da colheita incluem o patrocinador dos negócios, os principais usuários internos, o CFO, ou um representante nomeado por este, e a equipe de desenvolvimento e operações de TI. O pessoal de TI no grupo de coordenação frequentemente é transferido da equipe sênior de desenvolvimento durante a execução para a equipe sênior de operações durante a colheita. O CFO geralmente assume um papel mais importante no grupo de coordenação da colheita do que no desenvolvimento, e muitas vezes é o presidente. A figura 8-1 mostra as funções, as responsabilidades e as atividades comuns do grupo de coordenação da colheita.

O grupo de coordenação da colheita deve permanecer ativo até que as mudanças produzidas nos negócios durante a execução tornem-se parte comum do negócio. O grupo se reúne periodicamente para buscar desvios do plano de benefícios, para aconselhar a equipe dos negócios e das operações de TI sobre qualquer ação corretiva e para levar as questões sérias para o comitê executivo. Os intervalos exatos entre as reuniões dependem do tamanho e complexidade do projeto e das mudanças associadas nos negócios, em que projetos maiores envolvem intervalos mais longos. Esse grupo também deve comissionar uma auditoria dos benefícios, como descrito mais adiante neste capítulo.

FIGURA 8-1

Evolução da equipe de governança do projeto em grupo de coordenação da colheita

Atividades e responsabilidades típicas do grupo de coordenação da colheita

- Permanecer ativo até que a realização dos benefícios torne-se parte dos negócios.
- Conduzir revisões periódicas dos benefícios realizados *versus* os planejados - frequência da transição de mensal para trimestral para anual.
- Aconselhar os proprietários/usuários dos processos de negócios onde os benefícios estão saindo do trilho ou onde as mudanças nos negócios ameaçam os benefícios.
- Reportar aos executivos de negócios onde ocorrem os desvios significativos.
- Comissionar uma auditoria dos benefícios durante a fase da colheita usando recursos que não são do projeto.

Funções típicas do grupo de coordenação

Patrocinador dos negócios	Responsabilidade geral pela realização dos benefícios.
CFO	Auditoria detalhada da realização dos benefícios, geralmente o promotor e a ligação com a diretoria.
Principais clientes	Proporcionar feedback se as necessidades estão sendo cumpridas e como melhorar.
CIO e gerentes de IS	Diagnosticar as questões IS relacionadas à colheita, e identificar os consertos, capturar o aprendizado a respeito das práticas de TI.

A mensuração inclui quatro componentes importantes

O processo geral de administração da mensuração e da fase de colheita dos benefícios é mostrado na figura 8-2. As etapas incluem o seguinte:

1. Iniciação
2. Revisões periódicas da colheita
3. Auditoria da colheita
4. Conclusão da colheita

Vamos discuti-las em sequência.

Iniciação

A maioria das empresas implementa algum tipo de revisão quando a fase de implementação de um projeto é completada. Tais revisões são desejáveis; as pesquisas do CISR do MIT mostram que as empresas que fazem revisões após a implementação (RAIs) obtêm valor de negócios de TI mais altos, melhor do que as outras. Muitas dessas revisões são gerenciadas pela equipe de TI, portanto, o foco tende a ser no desempenho de TI, e não na prontidão dos negócios para colher valor. Em uma RAI tradicional, as perguntas seguintes são comuns:

- TI produziu a funcionalidade prometida no período de tempo correto?
- Os custos foram administrados de modo eficaz?
- Onde isso não aconteceu e por que não?
- Existem lições a serem aprendidas para a próxima vez?

Embora este tipo de revisão seja necessária e desejável, ela não é suficiente. As revisões após a implementação devem ir além do desempenho de TI no projeto até o ponto de entrega de sistemas. Os participantes devem incluir todos os principais grupos de interessados, incluindo o patrocinador do negócio, os usuários, a equipe de produção de TI, a equipe de gestão do programa e da mudança e as operações de TI.

Além disso, embora as lições aprendidas com o esforço da entrega sejam importantes, a revisão deve ir além e questionar se o negócio está na posição de colher os benefícios esperados e se as metas de benefícios precisam ser reajustadas, isto porque agora está claro se as metas iniciais eram teoricamente altas ou baixas. Essa discussão deve abranger a questão se qualquer ação corretiva pode ou deve ser tomada para recuperar a posição dos benefícios e se surgiram quaisquer novas oportunidades de benefícios que deveriam ser incluídas no processo do portfólio.

Essa revisão é uma boa hora para reafirmar a propriedade e responsabilidade dos benefícios e certificar-se de que as metas administrativas, tais como os orçamentos e a contagem de pessoas, são reajustadas adequadamente (como descrito em detalhes mais adiante). Por último, na revisão após a implementação, deve-se fazer uma programação para revisões contínuas dos benefícios. Em outras palavras, a função desta reunião é estabelecer uma base e preparar todos para a avaliação contínua do valor produzido pela iniciativa.

A tabela 8-1 compara uma revisão após a implementação operada por TI com uma revisão após a implementação focada nos benefícios.

FIGURA 8-2

Administrar toda a fase da colheita

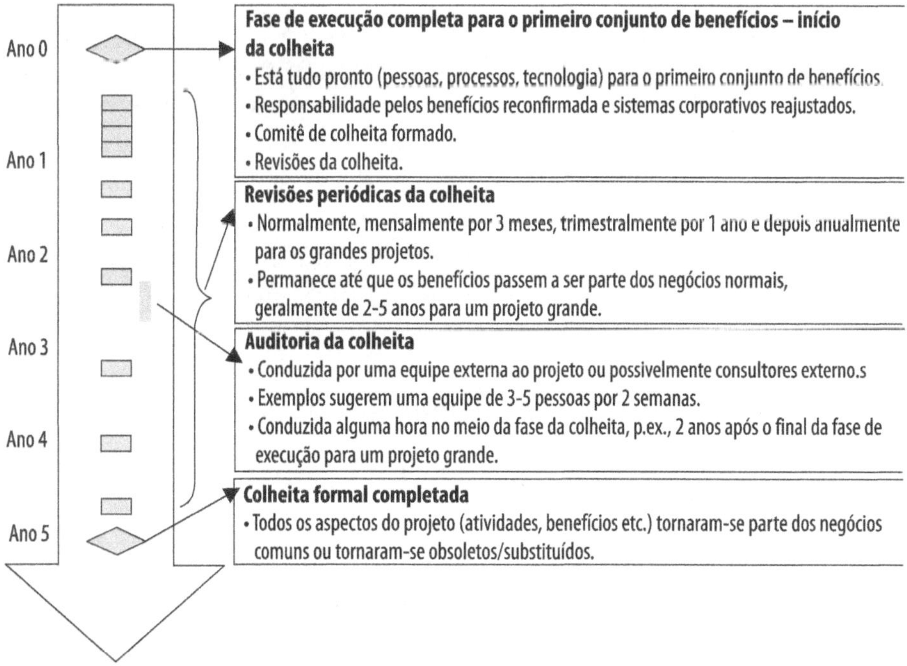

Fonte: Dave Aron, Chuck Tucker e Richard Hunter, "Show me the money: Advanced Practices in Benefits Realization", Gartner Executive Programs Signature Report, dezembro de 2005.

Reajustar os processos administrativos para preparar o terreno para os benefícios

Por mais que as medidas de benefícios sejam precisas, se elas simplesmente existirem em um plano de negócios, elas provavelmente não afetarão os comportamentos dos usuários dos negócios. Os benefícios têm a tendência de vazar. Reduções parciais na contagem de pessoas (por exemplo, meia pessoa) geralmente desaparecem, e reduções substanciais na contagem de pessoas podem significar que elas foram transferidas para outras áreas, em vez de serem dispensadas. O fracasso em satisfazer as elevações na receita é geralmente culpado pelas mudanças nos fatores externos, como as campanhas dos concorrentes, durante a execução do projeto.

Entretanto, se os benefícios são embutidos nos processos administrativos convencionais que impulsionam os negócios (veja a figura 8-3), em que indivíduos nomeados são responsáveis pela entrega desses sistemas, há muito mais clareza e motivação em buscar esses benefícios.

Os orçamentos, a contagem de pessoas, os placares balanceados e os incentivos são os processos administrativos mais comuns que devem integrar os benefícios. Um desafio é que os alvos desses processos normalmente são estabelecidos em tempos fixos, geralmente semestralmente ou anualmente. Esses alvos poderão ser reajustados fora do ciclo quando é exigido que os benefícios sejam embutidos.

Esse é o benefício de ter a equipe do CFO envolvida. Eles conseguem ajustar o orçamento e adjudicar as estimativas para que o executivo não precise fazer isso.

Revisões periódicas da colheita

As revisões periódicas são mantidas para medir o progresso para alcançar os benefícios e determinar se a ação é ou não necessária, e por quem, para corrigir riscos ou maximizar oportunidades. Aqui, assim como na revisão inicial, as estimativas de benefícios contidas na proposta aprovada são o guia mais importante para o que deveria ser medido.

TABELA 8-1

Garantir que uma revisão após a implementação está focada nos benefícios

Elemento	Características das tradicionais reuniões de conclusão dos SI	Características adicionais da revisão após a implementação focada nos benefícios
Envolvimento	Variável, dependendo da disponibilidade	Todas as principais partes interessadas, incluindo os clientes internos, o patrocinador do negócio, o executivo, a equipe de desenvolvimento, a equipe de gestão do programa e da mudança, as operações SI, qualquer parceiro/clientes externos
Escopo	Entrega da SI	Habilidade da empresa em colher benefícios
Pontos para discussão	• A funcionalidade foi entregue como solicitado? Os clientes internos estão satisfeitos por termos entregue a funcionalidade? • O sistema foi entregue na hora e de acordo com o orçamento? • Quais tecnologias/ abordagens funcionaram melhor/ pior?	• Como a realidade da fase de execução impactou os benefícios? Fatores externos (p.ex., ações inesperadas dos concorrentes) alteraram a equação dos benefícios? As estimativas dos benefícios precisam ser alteradas? • Os negócios agora estão na posição de colher os benefícios? Se não, existem ações corretivas para serem tomadas? • Existem oportunidades de negócios inesperadas que surgiram durante a fase de execução? • Quais as melhores práticas e armadilhas que podem ser capturadas e comunicadas para melhorar as iniciativas futuras?
Produção	• Entrada nos placares balanceados/ relatórios de SI • Entrada das técnicas de re-desenvolvimento na base de conhecimento do SI	• Responsabilidade e compromisso para com os benefícios (modificados) com acordo para embutir nos sistemas corporativos • Propostas para projetos corretivos/ oportunos • Comitê de coordenação da colheita acordado, revisão e programação da auditoria

Fonte: Dave Aron, Chuck Tucker e Richard Hunter, "Show Me the Money: Advanced Practices in Benefits Realization", Gartner Executive Programs Signature Report, dezembro de 2006.

Os revisores também deveriam estar alerta aos sinais de benefícios tangíveis e intangíveis ou custos que não foram previstos na proposta. (A lei de consequências não intencionais produz efeitos opostos.) Por exemplo, na British Petroleum, a implementação de leituras do nível automático para os tanques de gás natural liquefeito (LNG) do cliente permitiu que a empresa os atendesse quando necessário, reduzindo os custos para ambas as partes. Um benefício intangível não antecipado foi que os clientes pararam de se preocupar em ficar sem LNG. Na realidade, a BP terceirizou a ansiedade do cliente para si, aumentando, assim, a medida de satisfação do cliente com os serviços da BP.[6]

FIGURA 8-3

Benefícios embutidos nos sistemas e processos corporativos

- Benefícios como redução de custos, aumentos nas receitas e redução do pessoal estão frequentemente sujeitos a "vazamento".
- O *reajuste* dos principais sistemas, processos e orçamentos corporativos reforça a responsabilidade e deixa a mente de todos os interessados focada.

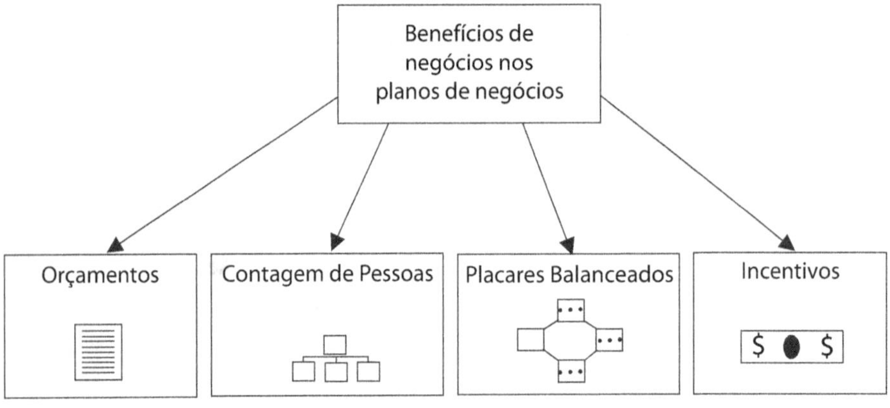

Auditoria da colheita

Com o passar do tempo, as circunstâncias, que faziam parte das estimativas, podem mudar drasticamente, e talvez não seja possível realizar benefícios calculados cuidadosamente em boa fé. Qualquer que seja o motivo, é importante saber por que as estimativas eram ou não válidas para que possamos aprimorar as estimativas futuras e o seu uso nas decisões sobre investimentos.

Embora a meta das revisões da colheita seja maximizar os benefícios do projeto, a auditoria da colheita é conduzida principalmente para saber o que funcionou e o que não funcionou em gerar valor para a empresa. As principais atividades do grupo de auditoria são medir os benefícios, compará-los ao plano e pesquisar as causas raízes das variações. Esse trabalho resulta em um conjunto de melhores práticas e questões para evitar ou endereçar logo no início.

As características de uma auditoria da colheita incluem o seguinte:

- *Tempo oportuno:* Idealmente, a auditoria da colheita deve ser conduzida quando a fase da colheita já estiver avançada, para que as realidades da colheita estejam estáveis e claramente visíveis. Uma boa hora para conduzir uma auditoria é um ano após as mudanças nos negócios e em TI tiverem sido implementadas.
- *Esforço:* O tamanho da equipe e a duração da auditoria dependem do tamanho e complexidade do projeto. Por exemplo, para um projeto ERP de $3 a $5 milhões em uma empresa de $1 bilhão, o qual demorou dois anos para ser implementado, uma auditoria típica consistiria de uma equipe de 3 a 5 pessoas que conduzirão uma auditoria de dez dias a duas semanas.
- *Equipe:* A equipe deve consistir de pessoas que possuem extenso conhecimento das funções dos negócios, das funções financeiras e das áreas de TI que são importantes para o projeto. A equipe de auditoria também deve ser independente da equipe do projeto que desenvolveu os sistemas e as mudanças nos processos. Geralmente, uma boa escolha é uma equipe de outra unidade geográfica ou de negócios que seja familiar ao contexto, porém relativamente independente.

Conclusão da colheita

Pesquisas recentes descobriram que, em média, os retornos das iniciativas suportadas por TI (em termos de produtividade e crescimento dos rendimentos) eram mensuráveis depois de um ano e, em seguida, acelerados com o passar do tempo. Eles eram de duas a cinco vezes maiores depois de 7 anos.[7] Os motivos para o crescimento longo incluem os anos que a empresa levou para implementar as mudanças complementares organizacionais e nos processos que conseguem obter o máximo do investimento em tecnologia. A diminuição dos retornos ocorrerá mais tarde, à medida que o valor incremental das melhorias contínuas atinge o pico. Assim, as empresas poderão precisar de mudanças mais radicais para alcançar o próximo patamar de desempenho.

Isso significa que, especialmente para as iniciativas maiores, as expectativas dos benefícios deveriam considerar a defasagem. Não se deve esperar que as revisões mostrem benefícios substanciais em menos de um ano para tais iniciativas. Uma vez que os benefícios são aparentes, a mensuração poderá continuar por mais cinco anos, ou até que a empresa esteja satisfeita de que os ganhos obtidos com a iniciativa são agora parte dos negócios comuns.

Montando o ciclo virtuoso

Você não precisa ser uma empresa grande, focada na tecnologia para aprimorar o ciclo virtuoso, nem é necessário ser perfeito. Considere o processo usado pela subsidiária do fabricante global de celulose da North America, uma empresa de $5,86 bilhões (de acordo com o YE 2008), a Sappi Limited. A Sappi NA aprimorou a disciplina através de uma iniciativa maior com o objetivo de padronizar os processos, suportada pela tecnologia ERP, em 2005.

O VP de aquisição e executivo da North America, Bob Wittstein, trabalhou em todas as fases do ciclo virtuoso quando da implementação do ERP. Como desenvolvida em 2005 e, desde então, continuamente refinada, a identificação dos benefícios é talhada dependendo da meta estratégica de cada projeto. Para os projetos de infraestrutura, TI coloca o orçamento de lado e faz uma análise menos extensa do custo-benefício; para as compras com capital, há um processo mais formal. Para os projetos diretamente relacionados ao atendimento ao cliente ou inovações, observou Wittstein, não faz sentido realizar análises cuidadosas de benefícios; a decisão já foi tomada. No entanto, para as iniciativas de excelência operacional, as quais normalmente significam redução de custos, faz sentido fazer um planejamento detalhado dos benefícios e acompanhamento. Por último, para os projetos de planejamento para recuperação de sinistros, Wittstein usa uma justificativa baseada nos impactos nos negócios das interrupções no sistema com o passar do tempo.

Anteriormente, os executivos da Sappi tinham uma percepção desfavorável da realização do benefício. "Eu costumava esperar que os projetos de TI demorassem duas vezes mais e custassem muito mais", diz Mark Gardner, presidente e CEO. "Mas isto era porque havia menos rigor; TI se encontrava fora do processo de requisitos de capital."

A execução também é melhorada através da gestão disciplinada de projetos. E a BPR é parte de todos os projetos. A Sappi criou um grupo de engenharia dos processos de negócios que consiste de usuários especialistas para cada área funcional (aqueles que reportam diretamente ao VP da área funcional) mais seus companheiros de TI. Wittstein explica:

> Este grupo é hoje chamado de Equipe Funcional Cruzada (EFC). Os patrocinadores de projetos preenchem um formulário descrevendo as metas, benefícios e ROI do projeto. Este formulário vai para a EFC, a qual baseia suas decisões em quais projetos serão mais benéficos para toda a empresa. Se houver um impasse, a proposta vai para o comitê de coordenação da EFC, um grupo menor, com mais senioridade, que inclui os VPs de TI, da rede de suprimentos, de finanças, de manufatura e de marketing. Entretanto, já faz muito tempo que o comitê de coordenação teve de decidir um impasse.
>
> A EFC reporta para o comitê de coordenação a cada seis semanas sobre o desenvolvimento do orçamento em geral e sobre o posicionamento do projeto, o que é boa governança. As reuniões do comitê de coordenação também incluem uma discussão sobre os próximos 10 projetos na fila. Queremos ter certeza de que estamos atualmente tra-

> balhando nos projetos mais importantes, e que os próximos dez são os mais importantes depois desses serem completados. Temos a opção de decidir no meio de um projeto se este é colocado de lado a favor de algo mais crucial, o que é mais provável hoje, dadas as circunstâncias econômicas atuais, do que antes. Mas a porcentagem de projetos que são engavetados no meio do caminho é baixa. Geralmente escolhemos projetos com retornos claros sobre os investimentos e períodos de tempo curtos, ou projetos bastante estratégicos, como nosso novo site da North America na internet, Sappi.com, o qual liga tudo que fazemos com uma marca consistente.[9]

A Sappi tem um rico processo de colheita após a implementação. Para os projetos maiores, durante o primeiro ano após a distribuição, são conduzidas revisões mensais, tendo o CFO como parte do comitê de coordenação, e, a partir daí, as revisões são anuais. E também, dentro de cinco anos da distribuição, o pessoal interno, geralmente de outras partes dos negócios, conduz uma auditoria (três a quatro pessoas por duas semanas). Para os projetos menores, as revisões mensais após a implementação se encerram depois de um ano da distribuição.

TI está menos envolvida formalmente em qualquer atividade após a implementação. Wittstein diz que isso não é um problema quando todos estão focados em um projeto maior. Porém, "à medida que passamos para projetos menores, temos de melhorar aqui", ele diz.

Wittsteisn conclui dizendo que existem dois fatores-chave de sucesso para alcançar os benefícios de TI consistentemente: ser rígido sobre quais projetos aceitar; e a boa gestão e execução de projeto à moda antiga. "Não há nada mais importante do que a execução. Mesmo se você escolher o projeto errado, uma boa execução lhe dará tempo para se recuperar."

A tabela 8-2 mostra como três empresas implementaram seu ciclo virtuoso.

TABELA 8-2

Ciclo virtuoso para a Intel, BP e a Sappi

	Intel	BP	Sappi
Planejamento	Planos de negócios claros, com expectativas de benefícios quantificados baseados em resultados mensuráveis. Priorização transparente baseada no alinhamento estratégico e alavancagem técnica em adição ao ROI.	Planos de negócios claros. As exceções exigem aprovação do CEO. "Incubadora" antecipada para fazer o protótipo de várias soluções potenciais antes do início do projeto.	Planos de negócios claros, com os benefícios esperados talhados para os tipos diferentes de projetos.
Execução	Validação da fase do projeto e decisões de aprovação baseadas em critérios de sucesso estabelecidos.	Número reduzido de projetos para garantir visibilidade e foco. Os projetos precisam produzir a cada 90 dias ou eles correm o risco de ser cancelados.	EFC envolvida nas decisões de sim/não e como um departamento de gestão de projetos para cada projeto. Monitoramento frequente do *status* e validação/priorização pelo comitê de coordenação da EFC e pelo EFC.
Colheita	Medidas formais dos benefícios dos negócios baseadas em "cliques" do mostrador de valor. Estimativas conduzidas e administradas pelo pessoal do financeiro e revistas anualmente.	Processos de revisões completas após a implementação (RAI) para todos os projetos. Conectado à política de bônus e aprendizado interno.	Para os projetos muito grandes, processo iterativo de colheita começando imediatamente após a implementação e continuando por vários anos. Para os projetos menores, a colheita deve ser completada um ano após a implementação.

Onde começamos a melhorar o ciclo virtuoso?

Pelo fato de a melhoria em qualquer parte do ciclo virtuoso aprimorar o valor para os investimentos em TI, começar em qualquer lugar é melhor do que esperar para começar em um local específico. As empresas que praticam processos eficazes de realização do valor conseguem ganhar, em média, benefícios até 21% mais altos do que as empresas que não o fazem.

Dito isto, é mais fácil começar com a avaliação das necessidades e investimentos transparentes. A maioria dos negócios já possui avaliações dos investimentos e processos de decisão, e isso representa uma mudança relativamente pequena ao adicionar TI aos projetos que estão sujeitos a esses critérios e decisões.

Para a maioria das empresas, as melhorias na BPR e AD representam refinamentos, e não grandes mudanças, na maneira como elas fazem os negócios. Nesse sentido, esses dois elementos podem representar um caminho com menos resistência. Mas os maiores frutos provavelmente resultarão dos programas de implementação para administrar a mudança na empresa e administrar a colheita. O último, especificamente, oferece potencial para vantagens significativas sobre os concorrentes, sendo que muitos deles ainda não implementaram (e não implementarão em um futuro próximo se a tendência continuar) práticas e programas para assegurar que a empresa está pronta e comprometida a usar novos processos e sistemas quando eles forem disponibilizados. Além disso, o executivo exerce uma influência considerável, até mesmo controle, para encaminhar a empresa nesta direção, usando o departamento de gestão de projetos como a base para implementar as capacidades necessárias. Por último, pelo fato de os executivos no geral identificarem uma falta de administração das mudanças organizacionais como sendo o maior obstáculo para suas iniciativas, há poucas dúvidas de que o movimento aqui terá um impacto significante no sucesso em geral.

As melhorias nas atividades do ciclo virtuoso ajudarão o executivo a justificar sua posição para TI como um investimento no desempenho dos negócios – demonstrar o valor de TI em termos inequívocos que se relacionam diretamente ao crescimento e lucros. Uma vez que ele tenha justificado sua posição de que todo investimento em TI cria valor para o negócio, um resultado é certo: o reconhecimento do valor do executivo para a empresa, juntamente com o aumento das oportunidades para o executivo e para TI. Esses resultados e oportunidades são o assunto do nosso próximo capítulo.

[9]

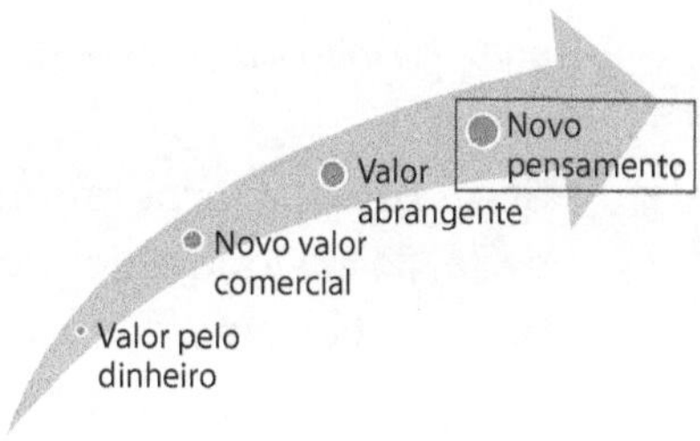

O Executivo-plus

Se você não sabe aonde está indo, acabará em algum outro lugar.
– Yogi Berra

Inevitavelmente, o sucesso em seus esforços para criar e comunicar valor para sua empresa e sua equipe produz recompensas tanto para você como para sua organização. Nesse sentido, a jornada para o valor de TI não tem um destino final. Ela flui em um mundo de oportunidades para o executivo e a equipe de TI.

Como mostraremos mais adiante neste capítulo, alguns executivos, como Charles Feld e Bud Mathaisel, alavancaram suas experiências como executivos para a liderança da indústria e influência como gurus no mundo dos executivos. Outros tomaram caminhos que os levaram a responsabilidades executivas fora de TI. Marv Adams, ex-executivo da Ford, agora administra operações financeiras centrais e serviços compartilhados para o gigante de serviços financeiros Fidelity Investments. Guido Sacchi da CompuCredit tornou-se VP de estratégia corporativa da empresa e hoje é CEO na Moneta Corporation. E Joe Antonellis da

State Street Corporation é vice-presidente e chefe de uma grande unidade de negócios de atendimento aos clientes de uma empresa de $7 bilhões. Há uma década, o pessoal de TI e analistas da indústria brincavam dizendo que executivo significava "career is over" (fim de carreira). Mas está claro que, para os executivos bem-sucedidos, este não é o caso.

Esses executivos são exemplos do que chamamos de *executivo-plus* – resumindo, o executivo cuja estatura e influência, dentro e fora da empresa, são comparáveis à estatura e influência de qualquer outro executivo. O fenômeno do executivo-plus, embora tenha demorado a chegar, não é nenhuma surpresa. Com o aumento na importância de TI para todos os negócios, as capacidades e astúcia nos negócios dos executivos responsáveis por TI inevitavelmente também crescerão. Dez anos atrás, teríamos dificuldade em dizer o nome de um executivo cujo percurso de carreira o tivesse levado à cadeira de CEO. Em nossa pesquisa para este livro – reconhecidamente, em um conjunto de amostras de executivos escolhidos pela suas habilidades provadas – encontramos três.

As recompensas para o aumento do entendimento dos negócios e credibilidade fluem para todos em TI. Após a reviravolta do TI na Intel, essa unidade foi recompensada com o desafio de adotar inovações por toda a empresa – uma função que ninguém imaginaria para TI quatro anos antes. A equipe de PMO na Solectron rotineiramente alavanca seus métodos e conhecimento dos negócios no sentido de se moverem para funções de administração de negócios, com a benção dos chefes das unidades de negócios e do executivo. Mesmo aqueles que permanecem na mesma função de TI em suas empresas ganham oportunidades para identificar e implementar projetos que são muito mais interessantes e valiosos do que aqueles que eles podiam fazer anteriormente. Quando tudo está bem, todos saem ganhando.

Fomos inspirados pelos executivos que entrevistamos para este livro, muitos cujas carreiras foram alavancadas para novos níveis de sucesso em alguns anos, desde quando nossa pesquisa focada neste tópico começou. Se seus caminhos são qualquer indicação, então os executivos que desenvolveram a astúcia necessária para produzir e comunicar o valor de TI têm um futuro emocionante à sua frente. E os gerentes de TI que almejam funções maiores podem considerar como construir os futuros que eles querem na fundação de suas especialidades em TI.

O executivo-plus é alcançável

Neste capítulo compartilhamos histórias de executivos altamente eficazes que assumiram novas responsabilidades nos negócios, em alguns casos até mesmo deixando o escritório do executivo. Esse fenômeno não é raro. Nem todo executivo altamente capaz acredita ser inevitável (ou mesmo necessariamente desejável) fazer uma transição para responsabilidades fora de TI. Mas a maioria dos executivos eficazes já está a caminho de expandir as responsabilidades que caracterizam a função de executivo-plus.

O estudo do Programa de Executivos da Gartner, com aproximadamente 1.400 executivos, no final de 2007, mostrou que mais da metade teve pelo menos uma responsabilidade fora de TI tradicional, como mostra a figura 9-1. Observe nessa figura a proporção alta de executivos que têm responsabilidades adicionais para a empresa. As funções internas, como melhoria nos processos e instalações, são notáveis, assim como as funções externas, como a estratégia da empresa e as operações do *call center*. Os executivos sêniores reconhecem essas funções como uma extensão natural das capacidades que os executivos eficazes trazem para a mesa de reuniões.

Até mais significativo na mobilidade potencial de carreira, uma porcentagem gradualmente crescente de executivos – 24% quando este livro foi escrito, um aumento de 15% em comparação a 2006 – são executivos de negócios cuja função principal em TI é a de executivo. Podemos supor que para muitos desses executivos, a participação em TI está entre uma das várias experiências que eles consideram valiosas para suas carreiras e não é necessariamente o ponto final pretendido. Mas se o destino final em suas carreiras é ou não TI, esses executivos não técnicos alteram a percepção da função, dentro e fora de suas empresas, para uma função que é uma entrada respeitável no currículo – e, até certo ponto, mandatória – para um executivo com tendências ascendentes.

A função de executivo é uma poderosa plataforma de lançamento

Não importa se um executivo se torna ou não um executivo, ou se o executivo recebeu responsabilidades adicionais de negócios. Não importa se a nova função foi ou não uma escolha ou uma obrigação. O que importa é que os líderes de TI estão tendo funções cada vez mais importantes nos negócios.

FIGURA 9-1

Mais da metade dos executivos relatam ter tido pelo menos uma responsabilidade fora de TI tradicional

	Internamente focado	Externamente focado
Mais do que três responsabilidades	75% Envolvimento nos processos de negócios 65% Gestão de aquisições 30% Propriedade e instalações 29% Recursos humanos	67% Planejamento da estratégia da empresa 38% Centro de contato com o cliente 41% Escritório de inovações 34% Desenvolvimento dos negócios
Duas ou três responsabilidades	60% Envolvimento nos processos de negócios 32% Gestão de provedor de aquisições 18% Propriedade e instalações 8% Recursos humanos	32% Planejamento da estratégia da empresa 17% Centro de contato com o cliente 7% Escritório de inovações 8% Desenvolvimento dos negócios
Apena uma responsabilidade	30% Envolvimento nos processos de negócios 11% Gestão de provedor de aquisições 4% Propriedade e instalações	10% Planejamento da estratégia da empresa 6% Centro de contato com o cliente 5% Escritório de inovações

TI

Internamente focado ⟷ **Externamente focado**

Fonte: "Making the Difference: The 2008 CIO Agenda." Gartner EXP Premier Report, janeiro de 2008.

Os executivos têm motivos para conhecer os planos, as estratégias e as capacidades de todas as unidades de negócios, isto porque a automação e a informação dessas estratégias são cobradas deles. Ninguém na empresa, talvez com exceção do COO, sabe mais sobre como os processos de negócios da empresa funcionam do que o executivo. E o executivo geralmente tem as equipes de projetos mais capazes da empresa. Resumindo, os executivos são normalmente associados com as melhores práticas da empresa para fazer e executar os serviços de estratégia e produção. É apenas natural que suas empresas (ou outras) os chamem quando precisam de líderes capazes.

A função do executivo-plus não acontece automaticamente. Ela exige esforço, não apenas para desempenhar a função de executivo, mas também para moldar as possibilidades de se fazer mais. Isso significa demonstrar que você está interessado na função abrangente, buscando oportunidades que alavancam as experiências de executivo e assumindo desafios arriscados quando oferecidos.

Assim como o CFO, o executivo tem acesso legítimo a todos os outros executivos na empresa. Antes de se tornar executivo da McKesson em 2005, Randy Spratt era um executivo sênior não-TI. Ele tinha responsabilidades com o P&L dentro da McKesson Technology Solutions, cujo negócio é desenvolver, instalar e suportar aplicativos de software para os mercados hospitalares e médicos. Spratt tinha algumas reservas sobre aceitar a função de executivo quando esta lhe foi oferecida. "Eu estava bastante nervoso em assumir uma função que não tinha responsabilidades com a receita... A receita esconde muitos pecados; quanto mais eficaz você consegue ser em fazer o negócio crescer, mais espaço você tem para cometer erros. Quando você está em um centro de custo, você não tem nada em que se basear, exceto as comparações de ano para ano. Mas isso era claramente importante para os planos de expansão da McKesson. Eu assumi com a expectativa de que aplicaria os princípios de negócios à função."[1]

Os capítulos anteriores deste livro descrevem como Spratt conseguiu mudar o modo como a unidade de TI era administrada e, com isso, o valor que a McKesson ganha com seus investimentos em TI. O que ele não esperava era como ele mesmo mudaria por ter sido um executivo: "Eu não almejava ser o executivo antes de me tornar um. Mas sabendo o que sei agora, acredito que teria almejado a posição.

Até que você realmente se sente naquela cadeira, você não entende o potencial do cargo. Hoje sou uma pessoa muito mais valiosa para a McKesson, do que era antes. A habilidade de alcançar uma mudança que se espalhou por toda a empresa na McKesson é muito mais interessante do que eu pensava que seria."

Spratt prevê que a função logo passará de um foco tecnológico para um foco que seja voltado para a entrega rápida de novos produtos e serviços – da administração do negócio ao seu crescimento. A comparação que ele fez com o marketing é reveladora, dado que a experiência em marketing é um passo tradicional para a liderança da empresa.

> Não é sobre as tecnologias; é sobre a estratégia e a liderança na mudança. Em dez, quinze anos, muitas coisas que achamos que ocupam o tempo do executivo se parecerão mais como concessionárias de serviços públicos. Você não se preocupa muito em saber de onde vem a água, o gás e a energia. No futuro, você não se preocupará em saber de onde vem a energia do computador, o armazenamento, a conectividade e os aplicativos de software. As perguntas serão quão rapidamente você conseguirá distribuir essas atividades para trazer novos produtos e serviços para o mercado. A função terá muito da velocidade e elementos de risco que você associa com o marketing – quão rapidamente conseguimos distribuir, em oposição a como construímos um centro de dados livre de riscos?

Ah, os lugares que você conhecerá

A figura 9-2 resume os percursos de carreiras dos executivos mais proeminentes que vimos em nossa pesquisa. Cada função representada nesta figura tem elementos de negócios e responsabilidades de TI, sendo que algumas pesam mais de um lado do que do outro. Como mostramos até agora, os executivos eficazes são mais do que líderes técnicos. Eles descrevem seu valor em termos de negócios, e eles aprovam e produzem a mudança nos negócios. Foi por isso que retratamos a função de executivo no nível mais alto na escala de negócios do que a função do gerente de TI.

FIGURA 9-2

Percursos de carreiras dos executivo-plus

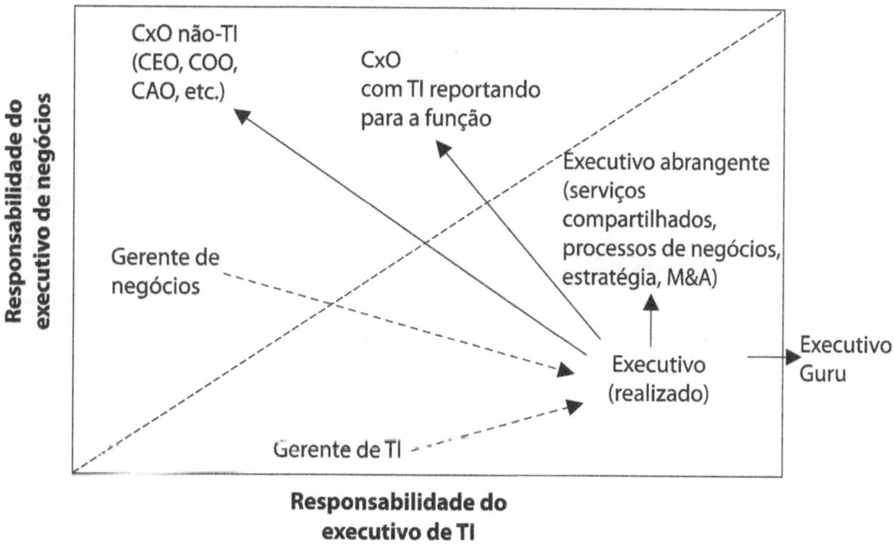

Mas para aonde os executivos vão daqui? Alguns optam em ficar na função de executivo, exercendo-a mais eficazmente e adorando cada minuto disso. Outros escolhem ser transferidos para novas funções de executivo, geralmente fora de suas empresas, ou em se tornarem executivo consultores, compartilhando suas experiências através de publicações, palestras e outros fóruns externos. Esses são os executivos gurus que frequentemente vemos na mídia. Nossas conversas com os executivos que têm essa função mostram que eles são motivados não apenas pela liberdade e recompensas da função, mas também pelo desejo de compartilharem com os outros seu conhecimento, adquirido com muito custo, sobre o que é necessário para ter sucesso – dar retorno à profissão.

Muitos executivos estão subindo no organograma, ganhando responsabilidades adicionais de negócios, e ao mesmo tempo mantendo seus deveres como executivos. Esses *executivos abrangentes* estão, na realidade, fazendo dois ou três serviços, em alguns casos como um teste mais ou menos explícito de suas capacidades. Outros executivos, no entanto, abdicam de suas responsabilidades técnicas quando assumem funções de negócios mais explicitamente não técnicas. Esses CxOs recém-cunhados poderão ter seus sucessores como executivo que reporta a eles, ou poderão não ter responsabilidade direta por TI.

Observe que não há julgamento de valor sugerido pela localização do executivo nesta figura tridimensional. O canto superior direito poderá ser o mais congestionado, isto porque ele sugere maiores responsabilidades tanto em TI quanto em outras áreas nos negócios. Há um limite sobre quantos serviços de tempo integral uma pessoa consegue fazer de uma só vez, e os executivos que se movimentam para a zona do canto superior esquerdo, ocupado pelos CxOs não-TI, inevitavelmente abdicam de todas ou da maior parte de suas responsabilidades de TI. Esses executivos geralmente começam se movimentando "para cima" na função de executivo-plus, e em seguida assumem oportunidades emergentes para se moverem para a esquerda em outras funções. Mas outros, especialmente aqueles que vieram para a função de executivo de uma função de negócios não-TI, algumas vezes dão um salto.

Além disso, continuar na função de executivo não significa, de maneira alguma, que a pessoa não alcançou os resultados desejados. Muitos executivos que entrevistamos eram executivos altamente satisfeitos. A função enfatizava habilidades que eles possuíam, eles estavam bem posicionados para influenciar as mudanças importantes em seus negócios e achavam que suas contribuições eram mais valiosas e reconhecidas. Como disse um executivo, "Estou muito bem assim. Por que eu me transferiria para uma função que demanda um conjunto totalmente diferente de habilidades?".

No restante deste capítulo, contaremos as histórias de executivos que seguiram seus próprios caminhos para maior responsabilidade. Em seguida, discutiremos considerações para a próxima etapa em nossa trajetória. Repetindo, essas histórias nos inspiraram. Esperamos que elas também inspirem muitos executivos atuais e futuros, incluindo (assim esperamos) alguns que podem não ter imaginado anteriormente ou desejado a inscrição de executivo em seus currículos.

Executivo (realizado)

Alguns executivos adoram ser executivo. Eles encontram desafios enormes e satisfação em criar uma organização de TI de classe mundial – uma que opere sem percalços e de modo eficaz ao mesmo tempo em que proporciona a agilidade que a organização precisa – e constrói o envolvimento e supervisão de negócios de classe mundial para a função de TI. Para muitas pessoas, especialmente os engenheiros, o papel do executivo é simplesmente prazeroso. Eles conseguem continuamente buscar desafios para resolver e oportunidades para criar, trabalhando com a equipe de TI e colegas de negócios para fazê-los produzir. Continuamente aumentar a integração na tomada de decisão estratégica da organização permite que esses executivos e suas equipes assumam, cada vez mais, desafios interessantes.

Os executivos que adoram ser executivo frequentemente ficam em suas empresas por longos períodos de tempo, ajudando-as a crescer e crescendo com elas. Ou ele poderá ser transferido para a função de executivo em uma empresa maior, mais intensiva em TI, para poder assumir o desafio e ganhar as recompensas de administrar uma organização maior. Alguns tornam-se executivo gurus, onde podem passar adiante o que aprenderam. Mas muitos outros estão contentes em ser executivo "por ora", considerando as próximas funções à medida que as oportunidades surgem.

Quando a DirectEnergy, uma subsidiária da empresa de energia do Reino Unido, Centrica PLC, na América do Norte, estava se preparando para seu próximo estágio de crescimento, a equipe sênior queria um tipo específico de executivo – um com experiência em telecomunicações que também tivesse trabalhado em Wall Street. A experiência em Wall Street ajudaria a entender o negócio de comercialização de energia da empresa e a direção de uma série de aquisições. A experiência em telecomunicações ajudaria a entender os mercados regulados da empresa, assim como a importância em manter uma grande infraestrutura de atendimento ao cliente operando seguramente. A equipe administrativa duvidava que existisse alguém disponível com este tipo de experiência, mas a descrição do emprego foi feita sob medida para Kumud Kalia, que havia trabalhado para a Dresdner em Wall Street e a Qwest Communications no Colorado.

Como membro da equipe executiva sênior da empresa desde o começo, Kalia vê sua função como mais do que simplesmente administrar a tecnologia. A empresa está crescendo rapidamente e as aquisições são uma importante razão desse crescimento. Cada aquisição traz um legado complexo de vários aplicativos parcialmente integrados e maneiras diferentes de realizar processos similares. Kalia reuniu uma equipe de engenheiros de processos para ajudar seus colegas a entenderem as oportunidades e a importância de aprimorar os processos da empresa, não apenas automatizá-los. E ele continuamente os ajuda a entender por que eles não devem operar suas empresas fundidas de forma completamente independente – não existem sinergias a serem obtidas ao alavancar as melhores práticas internas por várias empresas internas.

Como alto executivo de TI da empresa, Kalia é um parceiro respeitado e influente junto aos outros executivos da empresa. Sua equipe e ele entregam os requisitos, e suas sugestões para melhorar os negócios são escutadas. Ele ajudou a aprimorar a eficiência e o atendimento ao cliente da empresa que se via em franco crescimento. Kalia não sabe qual será sua próxima função. Mas ele descobriu que sua função como executivo em uma empresa em franco crescimento é tão desafiadora quanto recompensadora.

Sam Coursen não sabe qual deveria ser sua função. Quando lhe pediram para completar a sentença: "Se eu não fosse um executivo eu seria...", ele simplesmente disse: "Eu adoro ser executivo".[2] Funcionário antigo da AT&T e da empresa adquirida, NCR, Coursen tornou-se executivo da NCR em 1998. Durante sete anos como executivo, ele e sua equipe ajudaram a NCR a alcançar eficiências de custo mundialmente através da reengenharia de processos, consolidação, automação e terceirização. Assim que ele anunciou sua aposentadoria, aos 55 anos de idade, os recrutadores começaram a ligar.

"A Freescale Semiconductor acabou de se separar da Motorola, e eles estão revigorando a equipe administrativa sênior", disse Coursen. "A Freescale precisava de uma transformação em TI similar àquela que eu implementei na NCR." Desde então, Coursen tem ajudado a transformar a maneira como o TI da Freescale funciona, mostrando o valor que a unidade produz e demonstrando como o uso eficaz do novo TI ajuda a empresa a crescer.

Não está claro o que Coursen fará depois que sua transformação do TI esteja completada na Freescale. Mas apostamos que TI será um componente importante da função. E é provável que esta parte da função seja publicar o que ele aprendeu sobre como administrar TI, isto porque Coursen quer devolver o que aprendeu para a profissão. "Tudo que faço em termos de criar e comunicar valor para TI, eu aprendi com alguém... Portanto, nada mais justo do que compartilhar este aprendizado. Não posso guardar todo o conhecimento para mim."

O executivo guru

O desejo de compartilhar as melhores práticas que ele aprendeu e desenvolveu geralmente é a primeira etapa no domínio do executivo guru – alavancar a experiência de executivo para gerar valor também como conselheiro. Bud Mathaisel é um executivo que exerceu a função em empresas líderes na indústria como Disney, Ford e Solectron. Ele é também o diretor-fundador do Centro para Inovação dos Negócios da Ernst & Young, em Boston. Após deixar sua função anterior como executivo e diretor de processos na Solectron, ele se tornou executivo e diretor de operações – na América do Norte e Europa – na Achievo, uma empresa que proporciona serviços *offshore*, com base na China, para um conjunto global de clientes. Assim como outros executivos gurus, Mathaisel serviu em várias comissões consultivas e diretorias, e escreveu artigos para a imprensa comercial. Seu sucesso origina de sua educação no MIT ou de outros fatores, e ele recebeu vários prêmios de revistas comerciais e associações, incluindo sua nomeação para a lista da InfoWorld dos 25 principais CTOs em 2008.[3]

A carreira de Charlie Feld é instrutiva para os gerentes de TI que aspiram a função de executivo guru. Originalmente como engenheiro de sistemas da IBM, Feld tornou-se executivo para um de seus clientes, a Frito-Lay, em 1981. Na Frito-Lay, ele ajudou no desenvolvimento de um sistema de computador integrado para conectar todos os departamentos em uma rede comum de comunicações e dados – a fundação para um sistema de distribuição de alta velocidade e uma rede de computadores portáteis para 10.000 vendedores, o que fez com que a empresa fosse reconhecida mundialmente.

Em 1992, Feld alavancou os vários prêmios que ele e sua unidade haviam ganho para criar o Grupo Feld, uma equipe de executivos de TI que assumiam posições temporárias como executivos de mudança para seus clientes. Ele mesmo serviu como vice-presidente e executivo na Burlington Northern, administrando a integração maciça das empresas ferroviárias Burlington Northern e Santa Fé. Em seguida, ele assumiu o desafio de transformar toda a fundação de TI da Delta Air Lines em antecipação ao ano 2000 e à era da internet. Ele foi da função de executivo para "e-líder" da Delta, responsável por dezenas de iniciativas que aperfeiçoaram a maneira como a empresa aérea se relaciona com os clientes, os parceiros de negócios e os funcionários, e tornou-se executivo atuante da First Data Resources (FDR), uma divisão do First Data Corporation. Em 2003, quando o provedor global de serviços de TI, a EDS, adquiriu o Grupo Feld, ele passou a ter várias funções na empresa. Após fechar a fusão da EDS/HP em outubro de 2008, Feld se aposentou da EDS e começou a trabalhar por conta própria como consultor, palestrante e fundador do Centro para Liderança em TI.[4]

A função de guru é muito mais do que ser um bom gerente. Para ser reconhecido como executivo guru, é preciso promover ativamente o trabalho que a pessoa fez. Nos últimos quinze anos, Feld tem sido citado regularmente como um dos principais líderes de TI do mundo por revistas e organizações da indústria. Ele também escreveu vários artigos para publicações administrativas como *Harvard Business Review, executivo* e *Computerworld*, onde também foi retratado. Feld não está só. Sam Coursen apareceu em várias publicações, e os líderes de TI da Intel ativamente promovem as técnicas e resultados que eles construíram. Essa autopromoção é essencial para o reconhecimento e impacto exigidos de um executivo que queira influenciar outros executivos.

Como mostra a experiência de Feld, a função de executivo guru é arriscada e exigente, não é para qualquer um. O guru geralmente é chamado para resolver problemas complexos de negócios relacionados a TI, cuja resolução é fundamental para os negócios envolvidos. Por outro lado, se suas funções iniciais como executivo lhe proporcionaram a experiência, resultados alavancáveis e riqueza suficiente para garantir a independência de suas opiniões, talvez você tenha a chance de exercer a função de guru.

O executivo abrangente

A função de executivo abrangente é geralmente a primeira incursão do executivo nas funções não-TI. O título geralmente é algo como "vice-presidente sênior e executivo" – um título que reflete o foco primário do portador em TI e as responsabilidades adicionais que a administração lhe atribui.

O executivo abrangente assume a responsabilidade por funções ou tarefas que estejam relacionadas à função do executivo e não exigem uma função completa em nível de CxO. Estas podem ser tarefas temporárias (como a integração de fusões) ou responsabilidades contínuas por serviços centralizados que podem ser administrados como infraestrutura (tais como instalações ou segurança física). Outros executivos assumem a responsabilidade por áreas que não são geralmente administradas pelos executivos mais antigos, como os processos de negócios e a estratégia.

A função de executivo abrangente pode ser uma aspiração de carreira para muitos executivos de TI que adoram os desafios da função de executivo, mas que querem ter uma influência abrangente nos negócios como um todo e geralmente ajudam a transição do executivo para uma função de executivo não-TI de nível C. É também uma progressão natural para os executivos de TI que se sentem confortáveis em falar a linguagem de valor dos negócios.

Algo comum a todas as funções de executivo abrangente é que a função primária do executivo é a de executivo. Outras responsabilidades são geralmente adicionais e não primárias. Outra coisa comum para a função é que as novas responsabilidades são vistas como uma próxima etapa para uma função de negócios mais alta ou um conjunto adicional de deveres que o executivo busca. Como observado, a maioria dos executivos já está, até certo ponto, nessa função.

Algumas vezes, a função de executivo abrangente é temporária, embora ela possa ser repetida ou estendida indefinidamente. Em 2006, pediram a Randy Spratt, da McKesson, que administrasse a integração de uma empresa adquirida, a Per Se! Technologies. Desde o começo, ele estava interessado no projeto pelo seu potencial em prover um modelo para a abordagem da McKesson em integrar as aquisições.

> Eu descobri que havíamos abordado cada aquisição como um caso em si. As coisas que precisávamos capturar e entregar para a integração dos negócios sobraram para os indivíduos que faziam o serviço, geralmente indivíduos com alto potencial. Geralmente, era também a primeira e a última vez que eles fariam tal projeto, portanto, não havia aprendizado corporativo. Assim sendo, montamos um pequeno escritório de integração de M&A que administra a integração de aquisições, e ele produziu capacidades realmente ótimas de integração dos negócios – listas de verificação, planos de projetos, jogos de ferramentas, metodologias para estabelecer uma equipe de integração dos negócios. Essas capacidades foram adicionadas à visão de que a organização de TI consegue pensar em termos de resultados e consequência dos negócios.[5]

Spratt alavancou a credibilidade que ele desenvolveu para a organização central de TI desde 2005 para transformar as operações de TI por toda a McKesson. Em 2008, ele e os executivos das divisões da McKesson concordaram em embarcar na primeira estratégia de TI para toda a empresa. "Temos a consolidação da infraestrutura em processo, então o que ainda temos de fazer é ver como TI está satisfazendo as necessidades dos negócios da empresa, e a alavancagem que podemos obter para ela. Assim, em vez de falarmos sobre quanto custa substituir 17 sistemas de razão geral, temos de falar sobre quanto custa o negócio de administrar 17 processos financeiros diferentes, e elevá-lo para o nível de reengenharia de processos de negócios. Isto nos levará para o próximo nível de eficiências operacionais e nos ligará diretamente ao desempenho dos negócios e suas estratégias de expansão."

Essa abordagem sistemática para administrar o impacto de TI no desempenho dos negócios é agora um procedimento operacional padrão para a integração de fusões na McKesson. Spratt diz: "Em vez de deixá-las à deriva, onde não temos uma estratégia singular – para o ERP e suporte às vendas, por exemplo – temos lunetas para observá-las".

Alguns executivos descobriram que os deveres abrangentes tornaram-se permanentes e acolhem adições para suas funções. Butch Leonardson é o executivo da Boeing Employees Credit Union (BECU). As cooperativas de crédito, mesmo as grandes como a BECU, prosperam através da intimidade com o cliente e o atendimento a este. Em sua função como executivo, Leonardson tem trabalhado constantemente para lembrar sua equipe de TI deste fato. "TI precisa saber de todos os momentos decisivos com nossos clientes, e torná-los incrivelmente emocionantes", ele disse. "Você precisa ser um aluno de negócios. Os planejadores de TI tornam-se planejadores dos negócios, parte da conversa sobre negócios. Assim, toda a ideia de uma estratégia de TI não desaparece; ela se esvai na base do plano estratégico da empresa. 'Aqui está nosso encontro estratégico com o cliente, e TI é uma linha nessa base'".

Desde 2006, Leonardson tem atuado como co-presidente em uma iniciativa de fidelização dos funcionários e dos clientes da BECU, chamada Net Promoter.[7] Em sua função, ele está constantemente examinando meios para medir e melhorar o atendimento aos clientes. Ao medir como os tipos específicos de interações afetam as dimensões específicas de satisfação dos clientes, ele e seus colegas conseguem projetar as mudanças nos processos, a provisão de informações e intervenções específicas para aprimorá-las. "Quando um funcionário da BECU liga seu computador pela manhã, se ele for da equipe [de atendimento ao cliente], ele vê nossos quatro objetivos estratégicos – o alvo e onde estamos", explicou Leonardson. "Com o Net Promoter é para estarmos com 73,5% de aprovação no momento, e nós estamos com 74,6%." Isto significa que um número de aproximadamente 75% dos clientes recomendaria a BECU para amigos, familiares ou colegas.

Leonardson continua buscando melhorias na habilidade da empresa em usar dados para melhorar o desempenho para o atendimento ao cliente. Ele e sua equipe estão agora trabalhando com uma empresa externa para fazer a comparação das pontuações do Net Promoter contra a de outras empresas e para levar as métricas do Net Promoter da empresa em geral para o nível de filial.

A função de experiência com os clientes se traduz para o modo como Leonardson trata seus colegas. Por exemplo, ele está tentando mudar a maneira de falar com a diretoria e como os membros da diretoria pensam sobre a função de TI. "Eu acredito que as diretorias podem evoluir, e eles precisam ver os custos de TI não como um gasto, mas como um investimento para o valor do cliente. Eu sempre o apresento para a diretoria sob a perspectiva do membro, não sob a perspectiva de TI. O gerente de uma filial me disse que as coisas que lançamos mudaram sua vida."

O executivo guru Bud Mathaisel tem atuado na função de executivo abrangente em duas empresas. Na Solectron, além de sua função como executivo, ele era diretor de processos, responsável por certificar-se de que os processos de negócios eram bem projetados e que todo o possível era feito para melhorá-los constantemente. Na função de diretor de processos, Mathaisel regularmente passava tempo com os clientes, buscando maneiras de fazer com que a Solectron fosse uma empresa fácil com que trabalhar. Ele também passava tempo internamente certificando-se de que os processos da empresa estavam funcionando eficazmente.

Embora responsável pelos processos, Mathaisel ainda era primeiramente o executivo da empresa. Ele lutava para fazer com que TI fosse um ponto focal para as práticas excelentes que a empresa poderia usar em outros lugares. Por exemplo, seu PMO passou a ser tão considerado que as unidades de negócios regularmente solicitavam que a equipe do PMO administrasse os projetos em suas unidades. Mathaisel sentia-se honrado com isso. Ele podia treinar novos gerentes de PMO. Mas a credibilidade, a qual ele obteve através de processos e pessoas excelentes, não podia ser construída do dia para a noite. Ele alavancou o desempenho de sua unidade de TI para melhorar o desempenho da Solectron, sua própria habilidade para alterar os processos de negócios e sua própria credibilidade pessoal, dentro e fora da empresa. Recentemente, Mathaisel saiu da Solectron para outra função de executivo abrangente – executivo e diretor de operações na Achievo, uma empresa de terceirização que alavanca seus escritórios de desenvolvimento de aplicativos na China através de uma rede de escritórios no restante do mundo.[8]

Guido Sacchi, anteriormente na CompuCredit, expandiu a função de executivo até o escritório do CEO na Moneta Corporation. Quando ainda era um executivo, ele descrevia essa promoção como a próxima etapa natural para os executivos na medida em que as funções se convergem. "Para mim, a função de TI mudou muito nos últimos 18 meses. Eu agora sou visto como uma pessoa de negócios, um executivo do nível C que está encarregado de TI", ele nos disse em 2008. "Mas o debate é mais animado quando falamos sobre como melhorar os negócios. Estou muito mais focado em informação, e muito menos em tecnologia. Nossos problemas intelectualmente desafiadores são em torno dos fluxos de informação e tomadas de decisão. Alguns de nossos projetos recentes mais bem-sucedidos são sobre BI, ou o que chamamos de 'cadeia de suprimento de dados' – nos perguntamos: 'Quais tipos de decisões os líderes tomam diariamente, e como podemos melhorar isso dramaticamente?'."[9]

Começando em 2006, Sacchi trabalhou na CompuCredit como executivo e vice-presidente de estratégia corporativa. Ele elaborou um processo corporativo para gestão da inovação, com ênfase no financiamento e lançamentos de novos negócios, assim como iniciativas de mudança por toda a empresa. A função lhe deu oportunidades suficientes para conversar sobre as mudanças nos negócios em toda a empresa com os executivos por toda a organização. Por exemplo, ele lançou uma iniciativa chamada Alavancagem Operacional para melhorar a eficiência operacional nas áreas tradicionais de gastos gerais, tais como a infraestrutura de TI, telefonia e a área útil de cobertura do *call center*.

Em 2008, Sacchi foi nomeado para atuar como COO de um dos novos negócios intensivos em TI da CompuCredit, um empreendimento de telefonia móvel que tem um grande componente de crédito. Em suas palavras: "Eu tive a sorte de ter tido a oportunidade de tentar uma função de negócios do nível C com responsabilidade pelo P&L. Isto realmente me interessa... irei experimentá-lo e ver se terei sucesso. Tenho sido o executivo daqui durante os últimos 6 anos e, provavelmente, já é hora de deixar mais alguém crescer nessa função. Temos uma equipe ótima e um plano de sucessão claro, e é hora de dar esta oportunidade a mais alguém". A transferência de Sacchi para a função de CEO na Moneta Corporation mostra que realmente existem muitas opções para o executivo-plus.

O CxO com TI

Alguns executivos, ao expandir suas funções, descobriram que suas responsabilidades de negócios exigem muito mais atenção dos que suas funções de TI. Esses líderes, que normalmente têm títulos, como vice-

-presidente executivo ou diretor (de qualquer coisa), ainda assim têm TI entre suas responsabilidades. Mas esse é um componente menor em seus portfólios do que é para o executivo abrangente. Essas pessoas – diretor administrativo (CAO), diretor de operações (COO), vice-presidente de serviços compartilhados, ou qualquer outro título – são CxOs com TI.

Na prática, o executivo abrangente e o CxO com TI compartilham muitas características, responsabilidades, desafios e recompensas. Suas responsabilidades nos negócios podem ser de tipos similares, mas um tem mais delas do que o outro. Entretanto, há uma distinção clara. O executivo abrangente ainda é o executivo. O CxO com TI retém um grande componente de TI em seu portfólio, mas emprega um novo executivo para administrar a função de TI.

Nos anos 90, Marv Adams era vice-presidente executivo e executivo do Bank One Corporation, tendo atuado anteriormente nas funções administrativas e de engenharia na IBM e depois na Xerox. O Bank One era uma empresa intensiva em TI e Marv aprendeu muito sobre a administração de TI com a experiência.

Em 2000, Adams foi nomeado executivo da Ford Motor Company. Nessa função, ele era responsável por supervisionar a estratégia mundial de TI, desenvolvimento e infraestrutura da empresa, ao mesmo tempo focando em tornar a Ford mais eficiente e eficaz naquela área dos negócios. Em maio de 2005, ele assumiu a função adicional de vice-presidente sênior de estratégia corporativa. Nesse cargo, ele liderou não apenas a estratégia de TI, mas também a estratégia automotiva e da empresa, ajudando a Ford a planejar seu curso através das principais mudanças nos negócios em um mundo globalizado, ao mesmo tempo retendo suas responsabilidades como executivo.

Ele saiu da Ford em 2006 para assumir o cargo de executivo do Citigroup. No Citigroup, ele era responsável pela liderança global da infraestrutura corporativa e sistemas. Ele era membro do Comitê Administrativo do Citigropup e também liderou o Conselho de executivo da empresa, sendo responsável pela direção empresarial de TI da empresa.

Adams é hoje presidente da Fidelity Shared Services, uma organização que emprega 12.000 pessoas e proporciona serviços compartilhados a outras unidades no provedor financeiro global, a Fidelity

Investments. A recém-formada organização consiste de três unidades, sendo que cada uma delas tem seu próprio presidente. A Fidelity Technology Group administra os serviços de TI, incluindo infraestrutura, aplicativos e sites na internet, tanto para as atividades de atendimento ao cliente quanto para as atividades focadas internamente. A Fidelity Enterprise Operations inclui os processamentos centrais de serviços financeiros, como precificação e gestão de caixa, outras operações como gestão de suprimentos e um conjunto de serviços compartilhados baseado na Índia. A Fidelity Real State Company proporciona planejamento e serviços imobiliários para outras unidades na empresa global. Adams já não é mais um executivo de TI; ele é um executivo a quem os líderes de TI e de outros serviços se reportam.

Proporcionar serviços compartilhados é um desafio interessante para uma empresa como a Fidelity, cujas divisões se orgulham de sua independência. Uma parte importante da função de Adams será transformar as estruturas e entregar serviços eficazes para um conjunto diverso de unidades de negócios por toda a empresa. O maior desafio será ajudar a mudar a cultura da empresa para mostrar que o uso de serviços comuns pode ser útil, mesmo para as unidades de negócios altamente independentes. Ele e seus colegas executivos acreditam que essa experiência, tanto dentro quanto fora dos serviços financeiros, ajudará Adams e sua equipe a liderar a transformação com sucesso.[10]

O CxO não-TI

TI é vital para alguns negócios. Os executivos podem fazer a conexão entre a missão de TI e o sucesso dos negócios, e aquele que consegue falar a linguagem de negócios – começando com o P&L – consegue, em alguns casos, ser transferido para o escritório administrativo como chefe de uma divisão da empresa, de uma *spin-off* ou de uma *start-up*. Reconhecemos que ainda é relativamente raro ver os executivos assumirem essas posições; mesmo agora, poucas empresas pensam sobre as funções de TI nos mesmos termos em que pensam sobre vendas ou manufatura. Mas vemos evidências de que isso está mudando.

Doug Busch era gerente de engenharia na Intel quando foi sondado para ser o executivo logo depois daquele incidente de primeiro de abril, como descrevemos anteriormente. Busch assumiu uma unidade de TI que era realmente um exemplo do ditado "em casa de ferreiro, o espeto é de pau". A unidade de TI da Intel – a empresa que potencializou as unidades de TI do mundo – sofria com serviços ruins e falta de respeito para com os negócios. Busch e sua equipe fizeram uma reviravolta na percepção ao implementar práticas sólidas de supervisão e melhorias. Eles aprimoraram a confiança, melhoraram os serviços para os clientes internos e experimentaram um aumento estável no número de funcionários da Intel, que chamavam TI de parceiros. E fizeram isso ao mesmo tempo em que reduziam o orçamento de TI. Elaborando sobre o sucesso na melhoria dos serviços e custos de TI, Busch e sua equipe lançaram um esforço para melhorar a inovação de sua unidade e da empresa como um todo. O esforço levou a mais de $400 milhões em melhorias de 2004 a 2007.

Após liderar a transformação bem-sucedida da unidade de TI, Busch foi sondado para ser o diretor de tecnologia do Digital Health Group da Intel. A nova unidade, focada em aplicativos médicos da tecnologia Intel, é completamente separada de TI. Busch, que já não é mais o executivo, está agora do outro lado, pedindo aos seus antigos colegas de TI que o ajudem a cumprir seus compromissos.

Joe Antonellis, da State Street Corporation, passou toda sua vida profissional no setor bancário, e sempre na região de Boston. Depois de uma função administrativa operacional no Bank of Boston, ele foi para a empresa de serviços financeiros, a State Street, para liderar uma unidade de negócios que era focada no processamento de transações com alta produtividade. Em 2002, o CEO da State Street pediu a Joe que aceitasse o cargo de executivo. Embora não tivesse experiência técnica, ele entendia como os processos da empresa eram capacitados por TI. Joe entendia os limites de TI na empresa e, mais importante, conhecia a equipe sênior o suficiente para conseguir sintonizar os serviços e processos de TI, tornando-os mais fáceis de tratar. Ele também tinha um entendimento perspicaz das necessidades de TI dos clientes da State Street, e sabia como melhor produzir frente aos desenvolvimentos atuais e futuros do mercado. Quando Antonellis assumiu TI, este era tecnicamente bem administrado e estava fazendo melhorias na governança e no desenvolvimento de aplicativos, mas ainda tinha algumas questões de custo. Antonellis assumiu alguns desafios duros que precisavam do apoio sólido dos mais antigos: alterar o processo de desenvolvimento de aplicativos, alterar o processo de financiamento de TI, abrir escritórios de desenvolvimento no exterior, introduzir inovações tecnológicas e reduzir os custos.

O trabalho foi recompensador para a empresa e para Antonellis. Depois de 3 anos, pediram que ele assumisse responsabilidades operacionais para a maior divisão da empresa, além de sua função em TI. Em 2006, ele foi nomeado vice-presidente com responsabilidade adicional como chefe da Investor Services na América do Norte e gerente global de investimentos para serviços de terceirização. Em 2008, ele empregou seu substituto na função de executivo, o que o permitiu focar mais em seus clientes e em suas responsabilidades de liderança corporativa.

Direcionando seu curso

Se você é um executivo, deveria começar a planejar seu próximo passo agora. Se você é um gerente de TI, planeje como ganhar a experiência que você precisa. Você quer passar para a função de executivo? Ou para uma função de negócios e considerar a função de executivo ou executivo-plus mais tarde? E se você for uma pessoa de negócios considerando uma posição de executivo, parabéns pela sua previsão.

Aonde você pode ir depende daquilo que você gosta de fazer, no que você é bom, o que você consegue melhorar através de novas experiências e o que sua empresa precisa. Esses fatores nem sempre se combinam para fazer de você um executivo-plus, ou em sua empresa atual, eles podem nem existir. Mas como mostram nossas histórias, eles não existirão se você não desempenhar bem sua função; e se você tiver um bom desempenho, existe a possibilidade de oportunidades adicionais.

Para aumentar suas chances, tome medidas agora para traçar um curso. Comece entendendo quais funções são possíveis para você (como mostrado na tabela 9-1). Considere as descrições e pergunte-se se suas experiências e interesses são apropriados para essas posições. Tenha em mente que existem muitas recompensas e desafios à espera dos executivos bem-sucedidos, e muitas oportunidades de assumir responsabilidades mais amplas nos negócios sem mudar de emprego.

Vimos exemplos de executivos exercendo todas essas funções (e compartilhamos as histórias de muitos deles). Mas as pessoas não são intercambiáveis. Assim sendo, considere se a função é algo de que você gostaria e seria bom como prática e experiência.

Em seguida, comece a planejar um caminho no mapa de responsabilidades de negócios/tecnológicas. Os executivos que apresentamos neste capítulo percorreram vários caminhos. Observe que nenhum dos percursos de carreira foi completamente planejado. Você não pode ditar o futuro, mas pode tomar medidas para melhorar as chances de que seu futuro será como você quer. Cada uma das pessoas pediu, ou aceitou, uma função porque ela era importante para ele ou para a empresa. Mas todas elas desenvolveram suas habilidades e interesses para fazer mais do que estavam fazendo antes. E todas proativamente procuraram fazer algo mais do que eles estavam fazendo inicialmente.

Mas lembre-se, a ambição cega não é útil e nem bela. Cada um dos executivo-plus que entrevistamos descobriram que eles ganharam suas funções abrangentes através de colaboração e por ajudarem outros a ter sucesso, e não através de um a rodada política de negociações. Na maioria dos casos, os líderes seniores da empresa ou os líderes de outras empresas pediram que eles assumissem funções abrangentes. E quando eles solicitaram uma função abrangente, eles a ganharam não através de politicagem, mas sim através de seus conhecimentos, credibilidade, relacionamentos e trabalho árduo. Nenhum executivo quer trabalhar com alguém que esteja planejando roubar seu emprego. Mas quase todos os executivos, quando estão procurando alguém para preencher uma vaga, procurarão colegas de confiança que os tenham ajudado (ou a outros) a ter sucesso no passado.

Neste capítulo, descremos o caminho para se tornar um colega de confiança – o que, de fato, gera valor. Nosso último capítulo é um resumo das principais mensagens deste livro.

TABELA 9-1

Funções dos potenciais executivo-plus

Função do CxO	O que alavancar na função	Obstáculos a serem superados
CAO – diretor administrativo (funções relacionadas: chefe de serviços compartilhados) Tipicamente responsável pelo RH, instalações e outras funções administrativas entregues para as linhas de negócios.	Elementos abrangentes de administração já estão incluídos nas responsabilidades dos executivos. Consegue alavancar as habilidades para entregar sistemas de infraestrutura e mudanças no processo para melhorar o desempenho e custos das funções administrativas.	A extensão natural da função de executivo. Porém, se estiver fundindo silos nos serviços compartilhados, espere obstáculos significativos na política e na mudança organizacional. Se necessário, encontre adeptos iniciais ansiosos e então lentamente aumente a pressão nos adeptos tardios.
CSO – diretor de estratégia Responsável pelo desenvolvimento da estratégia corporativa, e muitas vezes pela estratégia do produto, para a empresa.	O conhecimento do executivo sobre a estratégia corporativa, os processos e a capacidade geralmente está entre os mais fortes da empresa. O executivo já tem um relacionamento com outros executivos para discussões formais e informais.	Foque novamente partindo de uma mentalidade de execução para uma mentalidade de estratégia, incluindo novas linguagens e habilidades.
CFO – diretor financeiro Proporciona gestão financeira e informações para a empresa.	Componentes financeiros das responsabilidades do executivo: gestão dos benefícios e entrega e a supervisão de um orçamento significante podem ser vistos como representantes da experiência com o P&L.	O estilo de pensar de um CFO é o mesmo que o do executivo: analítico; precisa demonstrar uma tendência para ação; deve obter as credenciais educacionais apropriadas ou ser apoiado por um *controller*.

(*Continua*)

TABELA 9-1

Funções dos potenciais executivo-plus (*continuação*)

Função do CxO	O que alavancar na função	Obstáculos a serem superados
COO – diretor de operações Responsável pela execução e melhoria dos processos operacionais da empresa.	A tecnologia está embutida em todas as operações da organização; alavanca a visão da organização sobre o processo; otimiza a organização.	Demonstra a habilidade de examinar a organização a partir de perspectivas operacionais e de processos.
CEO – diretor executivo Encarregado da administração geral de uma corporação, organização ou agência.	Estratégia; entrega transformacional; visão do processo das operações.	Necessário reunir todo o pacote: MBA, pensamento estratégico, vendas e marketing.

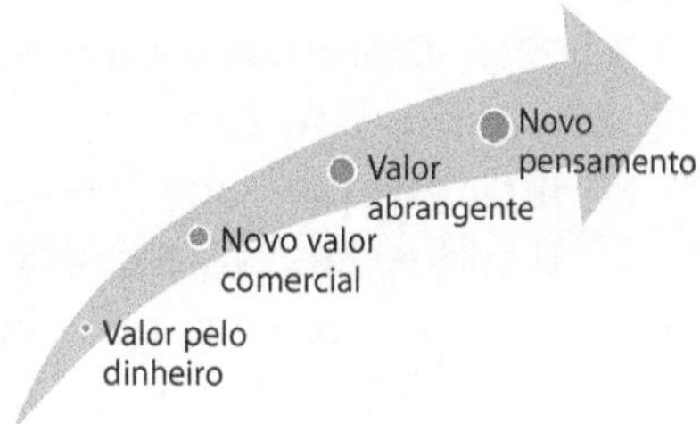

[10]

Nunca Houve Melhor Momento para Ser um Executivo

Nunca houve um momento melhor para um executivo capaz assumir a função de executivo. Não nos surpreenderíamos em ver executivos percorrendo o caminho para CEO que fazem questão de adicionar a função de executivo aos seus currículos, assim como as gerações anteriores de executivos ambiciosos procuravam participação em gestão de produtos e marketing.

Esperamos que este livro o ajude a transformar seu negócio e a você mesmo em um gerente de TI mais capaz e eficaz. Temos certeza de que se você conseguir, será bem-sucedido, não importando aonde a função de executivo o leve.

A função de executivo-plus é a recompensa no final de uma longa jornada. Ela começa com passar anos lembrando-se de que não é sobre TI, mas sobre o desempenho dos negócios, uma vez que o desempenho dos negócios é a linguagem do valor de TI. Estabeleça valor pelo dinheiro, mostre como TI é um investimento no desempenho futuro dos negócios, implemente o ciclo virtuoso, mantenha placares – e observe o que acontece. Ao se lembrar de que tudo é sobre os negócios, você inevitavelmente chamará atenção favorável para si. Se mostrar que você consegue proporcionar valor, este voltará para você. E todos ganharão com o processo.

O executivo que seguir o caminho traçado neste livro certamente aumentará a percepção do valor de TI no restante da empresa, e aperfeiçoará as oportunidades para ele mesmo e para o restante da equipe de TI. Sabemos disso porque temos visto isso acontecer repetidamente; vale o esforço. Encerramos com um resumo breve dos pontos principais.

Lembre-se: Tudo é sobre o desempenho dos negócios

- Antes de mudar alguma coisa, mude o que você pensa e diz, e foque sempre seus comentários no resultado dos negócios.
- Reconheça os conceitos administrativos e práticas de TI que antigamente pareciam úteis, mas que eram, na realidade, armadilhas do valor.
- Alardeie suas conquistas ao medir e expressar o valor de TI em termos que sejam visíveis e significativos para o restante da empresa.
- Em vez de falar sobre o que as máquinas fazem, fale sobre o que os negócios fazem e explique como TI poderá ajudar a fazer mais e melhor.
- Use a regra do chefe de vendas: se o chefe de vendas não diria algo dessa maneira, você também não deveria dizer.

Mostre valor pelo dinheiro

- As inevitáveis apostas para comunicar o valor de TI são mostrar, conclusivamente, que TI produz os serviços certos, no nível certo de qualidade, ao preço certo.

- Meça e comunique os custos por unidade e a qualidade em termos que se referem aos serviços relevantes para o restante dos negócios.
- Os bons jogadores sabem o placar. Faça a comparação do seu desempenho contra você mesmo e contra parceiros externos.
- Proporcione informações que ajudarão todos na empresa a administrar o consumo dos serviços de TI e, consequentemente, reduzir os custos.

Mostre o valor de TI como um investimento no desempenho dos negócios

- Faça tudo que puder para melhorar a execução do ciclo virtuoso da empresa: identificação das necessidades, investimento transparente, reengenharia dos processos de negócios, mudança organizacional, desenvolvimento de aplicativos e colheita dos retornos.
- Ajude os negócios a focarem na estratégia, nos processos e nas medidas de desempenho operacional, sendo que todos esclarecerão quais oportunidades são mais importantes.
- Considere as oportunidades em usar TI para informar o público interno e externo, para otimizar os processos e reformular suas interações com os clientes e fornecedores.
- Avalie o potencial dos projetos para contribuir com os resultados de negócios mais importantes. Use o P&L para medir os benefícios tangíveis e as métricas operacionais para medir os benefícios intangíveis.
- Quando investir em TI, use um processo estruturado com fundamentos e responsabilidades claras.
- Aprimore o desenvolvimento de aplicativos, a reengenharia dos processos de negócios e, especialmente, a gestão da mudança

organizacional. Todos sabem que administrar a mudança é um problema, mas poucas organizações se esforçam para abordar essa questão.

- Quando uma iniciativa é completada, meça-a para certificar-se de que os benefícios prometidos antecipadamente são entregues, e use o que você aprendeu com a medida para melhorar as estimativas antecipadas e o processo de investimento.

TABELA 10-1

Foque nas mudanças à medida que a produção do valor amadurece

Armadilha do valor	A nova realidade	Valor pelo dinheiro	TI como investimento em novo valor dos negócios
Não deveríamos ter de falar sobre nosso desempenho; ele fala por si mesmo.	As pessoas apenas veem o que as afetam mais, e este é geralmente o problema.	Fale sobre o desempenho de TI em termos de negócios.	Fale sobre a melhoria no desempenho dos negócios resultante do envolvimento de TI.
É um custo por fazer negócios.	Se TI é apenas um custo, então é algo para ser constantemente reduzido.	Mostre como sua organização produz os serviços certos, no custo e nível de qualidade certos.	Planeje para os tipos específicos de retorno do valor dos negócios de cada investimento e, em seguida, use processos disciplinados de colheita para avaliar e reportar o valor entregue.
Os gerentes de TI produzem tecnologia ótima para a empresa.	Tecnologia não é um resultado. Ela prepara os executivos para receberem o crédito pelos custos e problemas, mas não pelo valor.	Foque na entrega de serviços ótimos de TI, não em tecnologias ótimas.	Foque na produção de mudança nos negócios capacitada pela tecnologia.

(*Continua*)

TABELA 10-1

Foque nas mudanças à medida que a produção do valor amadurece (*continuação*)

Armadilha do valor	A nova realidade	Valor pelo dinheiro	TI como investimento em novo valor dos negócios
Nada é perfeito (especialmente algo tão complexo quanto TI).	Se TI fracassa na hora H, não se pode confiar nela. Se você não discute quanto fracasso é muito, então é sempre muito. E se não assumirmos um foco no cliente na recuperação, então cada fracasso cria animosidade.	Mostre que você sabe onde seu serviço é ótimo e onde não é, e que você está melhorando as coisas que não são ótimas o tempo todo. Empenhe-se para a recuperação graciosa dos fracassos no serviço e focada no cliente.	Construa uma gestão excelente de projetos para reduzir a probabilidade e impacto de fracassos dos projetos e para emitir os primeiros sinais eficazes de perigo.
Se você não seguir nossas regras, não podemos garantir o funcionamento.	Focar nas regras, em vez de focar nos motivos, não faz com que TI pareça útil. Se os líderes de negócios não conseguem ver o raciocínio lógico para as regras, então TI há uma obstrução.	Explique os motivos para os padrões, mas encontre meios focados no cliente para avaliar as exceções e mudanças potenciais nos padrões.	Mostre como mudar as "regras" (como a padronização dos processos de negócios) poderá melhorar o modo como os negócios funcionam.
O "negócio" é o cliente de TI.	TI deveria ser um parceiro, não apenas um fornecedor.	Foque na colaboração efetiva com as pessoas em todo o negócio.	Faça com que os líderes de TI e os conceitos sejam partes essenciais de todas as grandes decisões de negócios.

(*Continua*)

TABELA 10-1

Foque nas mudanças à medida que a produção do valor amadurece (*continuação*)

Armadilha do valor	A nova realidade	Valor pelo dinheiro	TI como investimento em novo valor dos negócios
O cliente está sempre certo.	Os executivos precisam de mudança nos negócios, não em tecnologias específicas. E eles geralmente não querem pagar por capacidades importantes que não têm um resultado direto para os planos de suas unidades.	Foque novamente nas discussões sobre preço e qualidade dos serviços fornecidos, não em especificidades sobre como eles foram entregues. Use informações para mudar os argumentos nos *trade-offs*.	Foque nos resultados de negócios desejados, e então trabalhe com seus colegas de negócios para identificar e avaliar as opções potenciais.

No início deste livro, discutimos sobre como as armadilhas do valor cegam os profissionais de TI e o restante da empresa para o valor criado por TI. A tabela 10-1 mostra uma versão revisada das armadilhas do valor da tabela apresentada no capítulo 2, porém com indicadores breves sobre como lidar com as armadilhas de valor em termos de valor pelo dinheiro e TI como um investimento no desempenho dos negócios – duas etapas-chave no caminho para o valor de TI.

O final deste caminho leva à organização do executivo-plus, onde as opções para os profissionais que trabalham em TI são mais numerosas e entusiasmadas do que em qualquer outro momento na história da profissão. Dez anos atrás, teríamos tido dificuldades para encontrar um executivo que se tornou um CEO. Esta ambição já não é mais impossível; vimos isso acontecer mais de uma vez, e com certa frequência. Na realidade, acreditamos que os executivos ambiciosos cada vez mais farão questão de adicionar a função de executivo aos seus currículos.

TI tornou-se indispensável para qualquer empresa de qualquer tamanho. O resultado inevitável é a importância crescente em se mostrar valor. Um grupo pequeno, porém em crescimento, de executivos descobriu como mostrar valor e produzir valor crescente em termos que são completamente convincentes para suas empresas. Não há motivos para que qualquer executivo não siga seus exemplos. Desejamos a vocês muito sucesso, e esperamos que este livro seja um guia útil em sua jornada.

NOTAS

Capítulo 1

1. A unidade de TI da Intel usou este incidente para melhorar dramaticamente o valor que ela proporciona para a empresa, como mostramos mais adiante neste livro.

2. M. Curley, "The IT Transformation at Intel", *MIS Quarterly Executive* 5, nº 4 (dezembro de 2006): 155-168; G. Westerman e M. Curley, "Building IT-Enabled Innovation Capabilities at Intel", *MIS Quarterly Executive* 7, nº1 (março de 2008): 33-48; entrevistas adicionais com os gerentes de TI da Intel conduzida por George Westerman.

3. Produtos que se desenvolveram após a transformação do TI na Intel se tornar parte de uma nova estrutura chamada de Estrutura da Maturidade e Capacidade de TI, a qual está sendo codesenvolvida pelo Consórcio do Instituto de Valor da Inovação (http://ivi.nuim.ie/).

4. Entrevista com Cara Schnaper conduzida por Richard Hunter e George Westerman, 19 de fevereiro de 2009.

5. Donna Scott, "The High Cost of Achieving Higher Levels of Availability", Gartner Research Note SPA-13-9852, 29 de junho de 2001.

6. Entrevista com Butch Leonardson conduzida por Richard Hunter, 10 de junho de 2008.

7. Entrevista com Bud Mathaisel conduzida por George Westerman e Peter Weill, Cambridge, MA, 19 de maio de 2005. Incluída em George Westerman e Peter Weil, Chris Foglia e Nils Fonstad, "Building and Maintaining Credibility: Experienced executivos Comments", vídeo, Sloan CISR do MIT, 2005.

8. Entrevista com Guido Sacchi conduzida por Richard Hunter, 20 de dezembro de 2006.

Capítulo 2

1. Entrevista com Ken Venner conduzida por Richard Hunter, 16 de julho de 2008.

2. G. Westerman e P.Weill, "What Makes Executivos Effective: The Perspective of Non-IT Executives", *MIT Sloan CISR Research Briefings* V, 2C (julho de 2005).

3. M. Smith e K. Potter, "IT Spending and Staffing Report, 2009", Gartner Research Note G00164940, 2 de janeiro de 2009.

4. Como descrito em R. Hunter, A. Apfel, K. Mcgee, R. Handler, M. Smith e W. Maurer, "A Simple Framework to Translate IT Benefits into Business Value Impact", Gartner Research Note G00156986, 16 de maio de 2008.

5. Pesquisa do Sloan CISR do MIT com 1.508 líderes de TI conduzida em 2007.

6. Entrevista com Robert Prouxl conduzida por Richard Hunter, 31 de março de 2005.

7 Entrevista com Butch Leonardson conduzida por Richard Hunter, 10 de junho de 2008.

8. Westerman e Weill, "What Makes Executivos Effective".

9. Entrevista com Cara Schnaper conduzida por Richard Hunter e George Westerman, 19 de fevereiro de 2009.

10. D. Flint, "The User's View of Why IT Projects Fail", Gartner Research Note G00124846, 4 de fevereiro de 2005.

11. Entrevista com Trey Lewis conduzida por Richard Hunter, 9 de setembro de 2008.

12. Entrevista com John Hammergren conduzida por Richard Hunter, 6 de dezembro de 2006.

13. Standish Group, "The CHAOS Report (1994)", http://www.standishgroup.com/sample_research/chaos_1994_1.php.

14. Larz Mieritz, "Exploring the Relationship Between Project Size and Success", Gartner Research Note G00155650, 4 de março de 2008.

15. "Making the Difference: The 2008 Executivo Agenda", Gartner Executive Programs Premier Report, janeiro de 2008.

16. Veja, por exemplo, James Heskett, Earl Sasser e Leonard Schlesinger, *The Service Profit Chain: How Leading Companies Link Profit and Growth to Loyalty, Satisfaction, and Value* (Nova York: Free Press, 1997).

17. G. Westerman e R. Hunter, *O Risco de TI* (M.Books, 2008), mostra que a gestão eficaz dos riscos faz mais do que reduzir o número de incidentes. Ela também permite que TI e os executivos tenham conversas mais eficazes sobre a gestão de TI em geral. A aptidão para a gestão de riscos de TI é elaborada sobre três disciplinas centrais: uma fundação de TI bem estruturada e bem administrada; uma cultura ciente dos riscos que também seja capaz de discuti-las e negociá-las; e um processo completo, mas não totalmente

burocrático, de governança do risco para obter informações sobre os riscos e certificar-se de que eles estão sendo discutidos adequadamente.

18. Entrevista com Al-Noor Ramji conduzida por George Westerman, Peter Weill e Nils Fonstad, Cambridge, MA, 15 de março de 2005. Incluído em Peter Weill, George Westerman, Chris Foglia e Nils Fonstad, "Achieving Effective IT Oversight: Experienced Executivos Comment", vídeo, Sloan CISR do MIT, 2005.

19. Entrevista com Guido Sacchi conduzida por Richard Hunter, 20 de dezembro de 2006.

20. Westerman e Hunter, *O Risco de TI*, 4-5.

21. Entrevista com Al-Noor, 2005.

22. Entrevista com Sam Coursen conduzida por Richard Hunter, 19 de julho de 2008.

Capítulo 3

1. Entrevista com Guido Sacchi conduzida por Richard Hunter, 20 de dezembro de 2008.

2. Cynthia Beath e Jeanne Ross, "JM Family Enterprises Inc.: Selectively Outsourcing for Increscd Business Value", Documento de pesquisa nº 358 do Sloan CISR do MIT, abril de 2006; discussões adicionais com os executivos da JM Family conduzidas por George Westerman e Peter Weill em 2006 e 2009.

3. Entrevista com Karl Wachs conduzida por George Westerman, Dallas, TX, 7 de março de 2005. Incluído em Peter Weill, George Westerman, Chris Foglia e Nils Fonstad, "Achieving Effective IT Oversight: Experienced Executivos Comment", vídeo, Sloan CISR do MIT, 2005.

4. Entrevista com Kevin Vasconi conduzida por Richard Hunter, 11 de dezembro de 2006.

5. Entrevista com Randy Spratt conduzida por Richard Hunter, 25 de julho de 2008.

6. Ibid.

7. Entrevista com Daniel Janeba conduzida por Richard Hunter, 23 de outubro de 2008.

8. Entrevista com Randy Spratt, 2008.

9. M. Curley, "The IT Transformation at Intel", *MIS Quarterly Executive* 5, nº 4 (dezembro de 2006): 155-168; Westerman e M. Curley, "Building IT-enabled Innovation Capabilities at Intel", *MIS Quarterly executive* 7, nº 1 (março de 2008): 33-48; entrevistas adicionais com os gerentes de TI da Intel conduzidas por George Westerman.

10. Entrevista com Sam Coursen conduzida por Richard Hunter, 29 de julho de 2008.

11. Entrevista com Peter Bennington conduzida por Richard Hunter, 7 de outubro de 2008.

12. Entrevista com Sam Coursen, 2008. Veja também D. Marchand, W. Kettinger e J. D. Rollins, *Information Orientation: The Link to Business* (Nova York: Oxford University Press, 2001).

13. Entrevista com Cara Schnaper conduzida por Richard Hunter e George Westerman, 19 de fevereiro de 2009.

14. Entrevista com Randy Spratt, 2008.

15. Cynthia Beath e Jeanne Ross, "JM Family Enterprises Inc.: Selectively Outsourcing for Incresed Business Value", Documento de pesquisa nº 358 do Sloan CISR do MIT, abril de 2006; discussões adicionais com os executivos da JM Family conduzidas por George Westerman e Peter Weill em 2006 e 2009.

16. Donna Scott, "The High Costs of Achieving Higher Levels of Availability", Gartner Research Note SPA-13-9852, 29 de junho de 2001.

17. Baseado em um compromisso conduzido por Richard Hunter e Graham Waller, Gartner, 11 de julho de 2008.

18. Entrevista com Randy Spratt, 2008.

Capítulo 4

1. Os executivos não-TI classificaram o valor dos negócios de TI (VNTI) usando uma escala com oito itens, a qual foi validada em estudos repetidos pelo CISR do MIT. O VNTI é estatisticamente significante correlacionado com as medidas de desempenho financeiro ajustadas à indústria em empresas de capital aberto.

2. Entrevista com Butch Leonardson conduzida por Richard Hunter, 10 de junho de 2008.

3. Entrevista com Bud Mathaisel conduzida por George Westerman e Peter Weill, Cambridge, MA, 19 de maio de 2005. Incluído em George Westerman, Peter Weill, Chris Foglia e Nils Fonstad, "Communicating with Business Executives: Experienced CIOs Comment", vídeo, Sloan CISR do MIT, 2005.

4. Embora os comentários no relatório anual sejam cuidadosamente escritos e verificados, eles não revelam informações importantes sobre a direção estratégica que é útil além da estratégia de TI. Veja, por exemplo, Sarah Kaplan, Fiona Murray e Rebecca Henderson, "Discontinuities in Senior Management: Assessing the Role of Recognition in Pharmaceutical Firm

Response to Biotechnology", *Industrial and Corporate Change 12*, nº 2 (2003): 203-233.

5. Entrevista com Butch Leonardson, 2008.

6. Veja, por exemplo, M. Porter, *Competitive Strategy: Techniques for Analysing Industries and Competitors* (Nova York: Free Press, 1980), e M. Porter, *Competitive Advantage: Creating and Sustaining Superior Performance* (Nova York: Free Press, 1985).

7. Entrevista com Sam Coursen conduzida por Richard Hunter, 29 de julho de 2008.

8. M. Smith e A. Apfel, "The Gartner Business Value Model: A Framework for Measuring Business Performance", Gartner Research Note G00139413, 31 de maio de 2006.

9. Entrevista com Trey Lewis conduzida por Richard Hunter, 9 de setembro de 2008.

Capítulo 5

1. Entrevistas com Gonpo Tsering, COO, e Dieter Schlosser, Executivo, DKSH, conduzida por Richard Hunter, 28 de novembro de 2006 e 15 de novembro de 2006, respectivamente.

2. Richard Hunter e Dave Aron, "From Value to Advantage: Exploiting Information", Relatório da Gartner Executive Programs, junho de 2004.

3. Entrevista com Guido Sacchi conduzida por Richard Hunter, 10 de junho de 2008.

4. Entrevista com Ken Venner conduzida por Richard Hunter, 16 de julho de 2008.

5. "2007 Award Recipient: Shar HealthCare", Comitê Balridge, http://balridge.nist.gov/PDF_files/Sharp_HealthCare_Profile.pdf.

6. Entrevista com Bill Spooner conduzida por Richard Hunter, 17 de novembro de 2008 e 9 de junho de 2006.

7. Baseado em entrevistas com o diretor executivo de tecnologia do LFSCo e em materiais cedidos por ele, outubro de 2006.

8. Entrevistas com Gonpo Tsering, COO, e Dieter Schlosser, Executivo, DKSH, conduzida por Richard Hunter, 28 de novembro de 2006 e 15 de novembro de 2006, respectivamente.

9. Em nosso livro *O Risco de TI* (M.Books, 2008), descrevemos a importância de discutir os *trade-offs* entre os quatro riscos de TI: disponibilidade, acesso, exatidão e agilidade. Também mostramos como a racionalização da infraestrutura e aplicativos é a base para reduzir todos os quatro riscos. O desenvolvimento de consertos em curto prazo de maneiras não padronizadas

proporciona agilidade temporária, mas não é sustentável. Solidez e agilidade em longo termo dependem de uma fundação bem estruturada e bem mantida de infraestrutura e aplicativos. Os executivos que conseguem introduzir *trade-offs* de riscos em suas discussões de negócios geralmente conseguem justificar as boas decisões, como a adoção de práticas padronizadas, as quais, do contrário, seriam difíceis de justificar com base nas programações e nos retornos financeiros.

Capítulo 6

1. Os indicadores de valor foram desenvolvidos por Sandra Morris e sua equipe de TI e foi publicado em várias fontes, incluindo Jane Mae e Robert A. Lansford, "It's Metrics That Matter", *Intel Premier IT Professional*, Inverno de 2007, 16 (http://ipip.intel.com/go/99/its-the-metrics-that-matter/).

2. Recentemente descrito em R. Hunter, A. Apfel, K. Mcgee, R.Handler, M.Smith e W. Maurer, "A Simple Framework to Translate IT Benefits into Business Value Impact", Gartner Research Note G00156986, 16 de maio de 2008.

3. "Motorola's Iridium Tab is Higher Than Expected", 14 de julho de 1999, http://www.thestreet.com/story/764251/1/motorolas-iridium-tab-is-higher-than-expected.html.

4. Como descrito em F. Reichheld, *The Ultimate Question* (Harvard Business School Press, 2006), o *net promoter score* é a porcentagem de clientes que respondem com uma pontuação de 9-10 (de 10) à pergunta, "Qual a probabilidade de você recomendar Empresa X a um amigo ou colega?", (também conhecido como "promotores") menos a porcentagem de clientes que pontuam a mesma pergunta entre 0-6 (também conhecidos como "detratores").

5. Entrevista com Randy Spratt conduzida por Richard Hunter, 7 de dezembro de 2006.

6. Entrevista com Karl Wachs conduzida por George Westerman, Dallas, TX, 7 de março de 2005. Incluído em Peter Weill, George Westerman, Chris Foglia e Nils Fonstad, "Achieving Effective IT Oversight: Experienced CIOs Comment", vídeo, Sloan CISR do MIT, 2005.

7. Entrevista com Sam Coursen conduzida por Richard Hunter, 29 de julho de 2008.

Capítulo 7

1. R. Hunter, T. Nunno e G. Waller, "Leading Enterprise Change", Gartner Executive Programs Signature Report, outubro de 2005.

2. George Westerman e Peter Weill, "What Makes an Effective Executivo: The Perspective of Non-IT Executives", *MIT Sloan CISR Research Briefings V*, 2C (julho de 2005).

3. Ecconomist Intelligence Unit, "A Chance for Better: Steps for Successful Business Transformation", 29 de maio de 2008.

4. Discussões com os membros executivo da Gartner Executive Programs, em workshops conduzidas nas reuniões de Fórum da organização em Barcelona, na primavera de 2005, mostraram que aproximadamente 100% dos participantes acreditavam que a mudança organizacional não poderia ser administrada sistematicamente. Esse resultado sugere que para muitas organizações, a gestão da mudança organizacional é concebida em termos similares àqueles nos quais a maioria das organizações pensava sobre a gestão de projetos nos anos 70 e 80: como uma "arte negra", uma questão de talento de liderança e sorte mais do que metodologia e habilidade, um esforço fundamentalmente não administrável cujos resultados são, na melhor das hipóteses, imprevisíveis.

5. Standish Group, "The CHAOS Report (1994)", http://www.standishgroup.com/sample_research/chaos_1994_1.php.

6. E. Baldwin e M.Curley, *Managing IT Innovation for Business Value* (Santa Clara, CA: Intel Press, 2007).

7. M. Hammer, "Reengineering Work: Don't Automate, Obliterate", *Harvard Business Review* (julho-agosto de 1990): 104-112; M. Hammer e J. A. Champs, *Reengineering the Corporation: A Manifesto for Business Revolution* (Nova York: Harper Business Books, 1993); e T. H. Davenport, *Process Innovation: Reengineering Work Through Information Technology* (Boston: Harvard Business School Press, 1992).

8. Entrevista com Al-Noor Ramji conduzida por George Westerman e Nils Fonstad, Cambridge, MA, 15 de março de 2005.

9. Os riscos da mudança organizacional têm a tendência de ter um perfil desconfortável para muitas empresas. Embora algumas pessoas, que se sentem ameaçadas pela mudança, lutem ativamente contra ela, a maioria delas fica quieta, de cabeça baixa, e espera que a mudança passe. A resistência se disfarça em apatia até que se torne aparente que a mudança acontecerá (como quando o aplicativo está codificado e pronto para ser testado). Aí começam os argumentos, as discussões tolas e mesmo sabotagens, fazendo ruir até mesmo as melhores soluções tecnicamente projetadas. Os gerentes que

não fazem um exame minucioso de como a empresa realmente funciona, e como a iniciativa mudará isso, se abrem para os riscos não apenas para o projeto, mas também para suas próprias carreiras.

10. Como descrito na pesquisa da Gartner por Kraft Bell e outros, este formulário é similar aos sete estágios do ciclo de luto descrito por Elizabeth Kübler-Ross. Veja R. Hunter, T. Nunno e G. Waller, "Leading Enterprise Change", Gartner Executive Programs Signature Report, outubro de 2005.

11. A estrutura de três lentes, desenvolvida pelo corpo docente de política comportamental e ciências na Escola de Administração Sloan do MIT, foi publicado em Deborah Ancona et.al., *Managing for the Future: Organizational Behavior and Processes* (Cincinnati, OH: South-Western College Publishing, 2004), Corpo docente do MIT – incluindo Roberto Fernandez, Cyrus Gibson e outros – usaram-na eficazmente ao ensinar sobre a mudança organizacional para os projetos de TI.

12. Como descrito em Hunter, Nunno e Waller, "Leading Enterprise Change."

13. George Westerman, Mark Cotteleer, Robert Austin e Richard Nolan, "Tektronix, Inc.: Global ERP Implementation", Caso 9-699-043 (Boston: Harvard Business School, 1999).

14. Entrevista com Bus Mathaisel conduzida por George Westerman e Peter Weill, Cambridge, MA, 19 de maio de 2005. Incluído em Peter Weill, George Westerman, Chris Foglia e Nils Fonstad, "Achieving Effective IT Oversight: Experienced Executivos Comment", vídeo, Sloan CISR do MIT, 2005.

15. Para mais informações sobre a importância de processos bem definidos de governança dos riscos para os quatro As, veja George Westerman e Richard Hunter, *O Risco de TI* (M.Books, 2008).

16. R. Hunter e M. Light, "Methodology and Productivity Study: The Analysis", Gartner Research Note SPA-480-1506, 27 de junho de 1997.

17. O processo é mais eficaz em uma cultura ciente dos riscos que encoraja as equipes de projetos a reportar os riscos imediatamente e de modo preciso, de acordo como nossa discussão deste tópico em nosso livro *O Risco de TI* (M.Books, 2008).

18. Rebecca Rhoads, "RTN on Governance", apresentação na sessão de verão do CISR do MIT, Cambridge, MA, junho de 2005. Incluído no vídeo de Peter Weill et al., "Achieving Effective IT Oversight."

Capítulo 8

1. Como citado em Dave Aron, Chuck Tucker e Richard Hunter, "Show Me the Money: Advanced Practices in Benefits Realization", relatório do Gartner Executive Programs Signature, dezembro de 2005.

2. Entre outros problemas com este tipo de mentalidade está o fato de que o dinheiro não é o único recurso escasso. Geralmente, em uma empresa com crescimento rápido, onde o dinheiro não é um objeto, o recurso mais escasso é a perícia nos processos de negócios e dos sistemas que os suportam.

3. D. Flint, "The User's View of Why IT Projects Fail", Gartner Research Note G00124846, 4 de fevereiro de 2005.

4. Entrevista com um executivo anônimo conduzida por Richard Hunter, abril de 2008.

5. Entrevista com John Hammergren conduzida por Richard Hunter, 06 de dezembro de 2006.

6. Richard Hunter e Tina Nunno, "Measuring the Value of Emerging Technologies", Relatório para o Comitê de Melhores Práticas da Gartner para os Executivos em Tecnologias Emergentes, 25 de setembro de 2006.

7. E. Brynjolfsson e L. Hitt, "Computing Productivity: Firm-Level Evidence", Documento de pesquisa 4210-01 do Colégio de Administração Sloan do MIT, cBusiness@MIT documento de pesquisa 139, junho de 2003.

8. Originalmente publicado em R. Hunter, T. Nunno e R. Akerley, "Business Performance is the Value of IT", relatório do Gartner Executive Programs Signature Executivo, abril de 2007.

9. Entrevista com Bob Wittstein conduzida por Richard Hunter, 12 de maio de 2009. Observe que os mecanismos de camadas sobre governança como esses são descritos em mais detalhes em George Westerman e Richard Hunter, *O Risco de TI* (M.Books, 2008).

Capítulo 9

1. Entrevista com Randy Spratt conduzida por Richard Hunter, 25 de julho de 2008.

2. "CIO Values: Sam Coursen, VP e executivo, Freescale Semiconductor", *Information Week*, 19 de abril de 2008, http://www.informationweek.com/news/management/interview/showArticle.jhtml?articleID=207400183.

3. http://www.achievo.com/company/management_details.php?id=36; http://www.infoworld.com/d/adventures-in-it/2008-infoworld-cto-25-bud-mathaisel-achievo-721.

4. http://www.infoworld.com/t/business/eds-buys-feld-group-in-89m-deal-077, http://public.cxo.com/conferences/speaker_detail.html?conferenceID=52&aid=12461&PHPSESSID=00845d8c7b23b3c99b7668acdabfcd1b; http://www.evanta.com/details_popup.php?cmd=speaker&id=7287, http://www.cio.com/article/108900/Charles_Feld_on_Years_of_IT_Change, http://www.cio.com/article/101855/CIO_Hall_of_Fame_Charles_Feld.

5. Entrevista com Randy Spratt, 2008

6. Entrevista com Butch Leonardson conduzida por Richard Hunter, 10 de junho de 2008.

7. Net Promoter é um programa de fidelidade de clientes e funcionários baseado na pesquisa de Fred Reichheld, autor de *Loyalty Rules: How Today's Leaders Build Lasting Relationships* (Boston: Harvard Business School Publishing, 2001) e *The Ultimate Question: Driving Good Profits and True Growth* (Boston: Harvard Business School Publishing, 2006).

8. http://www.achievo.com/company/management_details.php?id=36; http://www.infoworld.com/d/adventures-in-it/2008-infoworld-cto-25-bud-mathaisel-achievo-721; entrevista com Bud Mathasiel, Cambridge, MA, 19 de maio de 2005, conduzida por George Westerman e Peter Weill. Incluído em Peter Weill, George Westerman, Chris Foglia e Nils Fonstad, "Building and Maintaining Credibility: Experienced Executivos Comment", vídeo, Sloan CISR do MIT, 2005.

9. Entrevista com Guido Sacchi conduzida por Richard Hunter, 10 de junho de 2008.

10. Vinheta composta de fontes públicas incluindo http://www.businesswire.com/portal/site/google/?ndmViewId=news_view&newsId=20071205006068&newsLang=en; http://content.members.fidelity.com/Inside_Fidelity/fullStory/1,,7521,00.html; http://advice.cio.com/meridith_levinson/marv_adams_has_left_citi_and_joined_fidelity.

SOBRE OS AUTORES

Richard Hunter é vice-presidente e chefe de pesquisa na Gartner Inc., onde seu trabalho recente tem focado em questões de interesse para os executivos. Ele é autor de *World Without Secrets: Business, Crime, and Privacy in the Age of Ubiquitous Computing* (Wiley, 2002) e coautor (Com Goerge Westerman) de *O Risco de TI* (M.Books, 2008).

Em 2003, Richard foi eleito Gartner Fellow. Ele tem grau de bacharel com concentração em música pela Universidade de Harvard. Um tocador de gaita de classe mundial, ele é também compositor de obras para gaita de boca e autor do melhor método de jazz e rock para tocadores de gaita de boca do mundo (*Jazz Harp*, Oak Publications, 1980).

George Westerman é cientista de pesquisas no Centro para Pesquisa em Sistemas de Informação (CISR) da Escola Sloan de Administração do MIT, e presidente docente para o curso de TI para Executivos Não-TI. Suas pesquisas e ensinamentos examinam os desafios administrativos na interface entre os executivos e os executivos de negócios.

George é coautor (juntamente com Richard Hunter) de *O Risco de TI,* o qual a revista *CIO Insight* nomeou como um dos Melhores Livros de 2007. Sua pesquisa foi publicada em jornais de administração como o *Sloan Management Review, IESE Insight* e *Organizational Science,* assim como em vários estudos de casos, capítulos de livros e publicações na indústria.

Antes de obter seu doutorado na Harvard Business School, George teve mais de doze anos de experiência em TI e administração. Ele é um palestrante notável e facilitador em workshops com executivos de TI e não-TI, e membro de várias diretorias sem fins lucrativos.

ÍNDICE REMISSIVO